평화로 빛난 별 김대중

평화로 빛난 별
김대중

박상건 지음 | 김윤정 그림

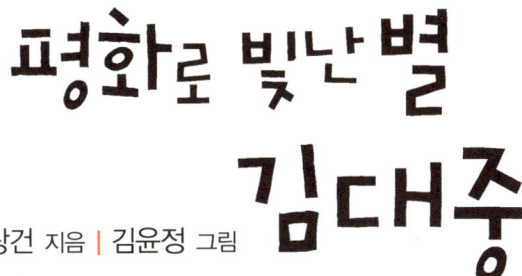

문이당어린이

책에서 길을 묻고 도전과 승리의 역사를 쓰다

꿈이 있는 사람은 어릴 때부터 마음속에 영웅을 품고 자랍니다. 꿈꾸는 자만이 미래로 나아갈 수 있고, 성공할 수 있으며 세상을 바꿀 수 있습니다. 영웅은 자기 운명을 짊어진 용기 있는 사람입니다. 절망하지 않는 자만이 위대한 영웅이 될 수 있습니다.

김대중 대통령의 일생은 거친 바다를 헤쳐 가는 파도 같은 삶이었습니다. 다섯 번의 죽을 고비, 감옥살이 6년, 망명 생활 10년, 가택 연금 14년, 국회 의원 세 번 낙선, 대통령 세 번 패배……. 그러나 마침내 우리나라 최초 정권 교체의 대통령이 되고 분단 이후 최초로 남북 정상 회담을 열었으며 또한 한국인 최초로 노벨 평화상을 받았습니다.

　　힘들 때마다 포기하지 않고 푸른 바다의 파도처럼 넘어지면 다시 일어서고, 일어나서 민주주의를 열망하는 국민과 함께 어깨동무하고 역사의 길을 헤쳐나갔습니다. 대통령의 일생은 한 많은 세월이었습니다. 한恨이란 그냥 슬퍼하는 것이 아니라 이루어질 때까지 계속 추구하는 것이라고 말했습니다. 내가 이루지 못하면 나중에 어린이가 이루는 것이 한이고, 결코 포기할 수 없는, 굽힐 수 없는 의지라고 말했습니다. 대통령이 되어 청와대 참모들에게 말했습니다.

　　　사람은 기다릴 줄도 알아야 합니다.
　　　포기하지 않되 서두르지 맙시다.
　　　하늘은 스스로 돕는 자를 돕습니다.

김대중 대통령은 인간미가 넘치는 사람이었습니다. 어느 날 운전기사 아들의 생일 축하 카드를 써오라고 했습니다. 다시 진심으로 정성을 다한 표현으로 '민주주의를 위해 밤낮으로 애쓰는 아버지……'라는 한 문장을 넣었습니다. 준비해 온 두 가지 선물을 이희호 여사와 고민 끝에 결정해 정성껏 포장했습니다. 카드와 선물을 받은 초등학생 아들은 아버지에 대한 자랑스러움이 대단했고 아버지 또한 대통령 마음 씀씀이에 크게 감동했다는 이야기를 나중에 전해 들었습니다. 대통령에 당선된 후 제일 먼저 초대한 사람은 재단 건물의 미화원분들이었습니다.

　　하의도의 바다만큼 속 깊은 김대중 대통령은 우리에게 귀중한 교훈을 남긴 채 떠났습니다. 유명한 독서광이었던 김대중 대통령의 창의력과 지도력의 원천은 어릴 적부터 몸에 익힌 독서의 힘입니다. 책을 1백 번 읽으면 그 뜻이 저절로 통한다는 말이 있습니다. 늘 책의 숲에서 길을 찾아 창조의 기념비를 세웠습니다. 역사에서 배운 교훈은 늘 도전과 승리의 역사로 쓰고 실천했습니다. 행동하는 양심만이 진정한 승리자이고 행동하지 않은 양심은 악의 편이라고 말했습니다.

　사람은 무엇이 되기보다는 어떻게 사느냐가 더 중요하다고 말했습니다. 그런 대통령의 삶이었기에 세계는 감동했고 노벨 평화상으로 인정한 것입니다. 김대중 대통령이야말로 어린이와 청소년들이 닮고 싶은 용기와 성공 신화의 주인공이 아닐까요? 그렇습니다. 김대중 대통령이야말로 우리가 품고 살아야 할 위대한 영웅이며 세계 속에 영원히 기억될 위대한 한국인입니다.

2011년 6월
위대한 영웅을 그리워하며
박 상 건

차례 평화로 빛난 별 김대중

책에서 길을 묻고 도전과 승리의 역사를 쓰다 … 4

넛 소년, 내일을 꿈꾸다 … 10
첫 번째 계단 … 34

낙선과 가족의 죽음 … 36
두 번째 계단 … 54

오뚝이처럼 일어나다 … 56
세 번째 계단 … 72

대통령 후보가 되다 … 74
네 번째 계단 … 98

망명·납치·연금의 긴 터널 ···100
다섯 번째 계단 ···126

죽음과 맞바꾼 그 이름, 민주주의여 ···128
여섯 번째 계단 ···148

독재 정권에 승리하다 ···150
일곱 번째 계단 ···164

넘 소년, 마침내 월계관을 쓰다 ···166
여덟 번째 계단 ···182

섬 소년, 내일을 꿈꾸다

　우리나라 섬은 3천여 개인데 이 가운데 60퍼센트 이상 서남 해안에 자리 잡고 있다. 특히 배로 두 시간 거리에 있는 목포 앞바다에 작은 섬들이 점점이 흩어져 푸른 파도와 함께 출렁인다.

　그중 작은 섬인 전남 신안군 하의면 후광리에서 1924년 1월 김대중이 태어났다. 그때는 전깃불이 들어오지 않아 호롱불 아래서 밥을 먹고 책을 읽었다. 교통수단이라고는 버스 한 대와 택시 두 대가 전부였다.

김대중은 농사를 짓는 집안에서 네 형제 중 둘째 아들로 태어났다. 고향은 선착장 근처로 후광리에서도 원후광이라고 불리는 작은 마을이었다. 김대중은 고향을 정치인이 되는 날까지 무척 사랑하여 후광을 평생 아호문인이나 예술가 등의 호를 높여 말함로 삼았다.

"끼룩끼룩."

물새들은 하의도 하늘을 빙빙 날아다니다가 부두에 내려와 파도에 밀려오는 작은 물고기를 후다닥 날쌘 몸놀림으로 잡아먹었다. 또 어떤 물새는 고깃배를 따라다니며 어부들이 그물을 손질하다가 버린 작은 새우나 파도 위로 떠오르는 새우 혹은 김·파래 나부랭이를 입에 물고 포물선을 그어가며 먼 하늘로 사라지곤 했다.

김대중은 파도와 물새, 어부와 갯바람을 친구 삼아 바다에서 어린 시절을 보내며 자랐다. 파도가 밀려간 백사장에서 모래성을 쌓기도 하고 모래 위에 아버지, 어머니의 얼굴을 그리

거나 한국과 일본 지도를 똑같은 크기로 그려 놓고 "공격!"을 외치며 이순신 장군이 되어 일본을 무찌르는 전쟁놀이를 하기도 했다.

섬과 바다는 어린 대중이 놀이를 즐기고 마음대로 상상하고 그려 보는 소중하고 자랑스러운 곳이었다. 김대중은 마을을 둘러싸고 있는 바다를 바라보기 위해 작은 언덕에 자주 오르곤 했다. 언덕 아래에서 바다까지 작은 밭이 줄지어 이어졌다. 섬 대부분이 산이기 때문에 농사짓기 편하게 산을 깎아 계단처럼 생긴 논밭을 만들었다.

밭두렁과 논두렁길을 따라 굴렁쇠쇠붙이나 대나무 따위로 만든 둥근 테로서, 둥근 테를 굴렁대로 굴리며 노는 장난감를 굴리며 꼬불꼬불한 길을 달리다 보면 흠뻑 땀에 젖었고, 소매를 올려 땀을 훔치노라면 "처얼썩 철썩" 부서지는 파도 소리가 마치 대중의 가슴에 닿는 것처럼 시원했다. 그리고 파도가 부서지는 바다를 향해 달렸다. 바다는 대중의 둘도 없는 친구였다. 굴렁쇠를 옆에 두고 바닷가에 서성이거나 갯바위에 앉아 섬 기슭에 부딪히는 파도가 해안가로 다가와 하얗게 부서지는 모습을 바라보면서, 바다의 신비로움에 감탄하곤 했다.

"왜 파도는 밀려오면 다시 밀려갈까?"

"왜 파도는 파란색일까? 보라색도 있고 무지개 색도 있는데……."

"바다는 깊은데, 수평선은 왜 빨랫줄처럼 옆으로 팽팽한 것일까?"

대중은 궁금증을 빨리 풀고 싶어 집으로 돌아오는 길에 마을 어른들에게 이유를 묻곤 했다. 그때마다 어른들은 "이 녀석아 하느님이 그렇게 만들었으니까 그렇지"라는 말만 할 뿐 대중의 궁금증을 해결해 주지 못했다. 바다에서 미역을 따와 손수레에 가득 싣고 마을로 돌아오는 이웃 어른들에게 물으면 "대중이는 애어른 같네", "그게 그렇게도 궁금하니?"라며 엉뚱한 대답만 할 뿐이었다.

대중은 늘 바다에 대한 궁금증과 상상력이 더해 갔다. 의문이 생기면 대중은 바로 학교로 부리나케 달려가 학교 사택에 사는 선생님을 찾았다.

"선생님!"

"응, 대중이구나. 네가 이 시간에 무슨 일이니?"

"선생님, 왜 바다는 파래요?"

"그건 말이야, 햇빛 중에 다른 색깔은 물에 부딪혀 흡수되고, 파란색이 덜 흡수되어 반사되기 때문이야."

선생님은 이해하지 못하는 대중의 표정을 보면서 다시 차근차근 설명했다. 바다색은 바닷물을 투과하는 빛의 파장에 영향을 받는다. 빛의 파장에 따른 흡수 정도에 따라 색이 결정된다. 보통 빛이 바다를 비추면 플랑크톤이나 해초류 등이 많은 경우에는 투과하는 정도가 감소한다. 그러나 아주 깨끗하고 맑은 바다는 검은빛이다. 깊은 바다의 검은색이 그대로 햇빛을 흡수하기 때문이다.

"아, 그래서 하의도 앞바다는 푸르고 먼바다는 검은색이군요."

"그렇단다, 대중아."

"그럼 파도는 왜 밀려오고 다시 스스로 밀려가죠?"

"한마디로 말하자면 달의 중력지구 위의 물체가 지구로부터 받는 힘 때문에 바닷물이 이끌려 가는 거란다. 달이 가까워지면 파도가 밀려오고 달이 멀어지면 밀려가는 셈이지."

"네."

대중은 선생님 앞에서 활짝 웃었다. 선생님도 대중이 기특한 듯이 미소를 지었다.

대중은 어릴 때부터 논리적이었다. 그래서 마을 사람들은 종종 '애어른'이라 부르기도 했다. 모든 사물과 일에 대해 바다처럼 폭넓게 바라보고 생각했다. 자신이 명확하게 이해하지 못한 것은 그대로 지나치지 않았다. 또한, 친구들이나 상대방이 자신의 말을 이해하지 못하면 어떻게든 자신의 뜻을 분명하게 이해시키려고 여러 가지 방법을 생각해 설명하기도 했다.

마을의 돌담길을 따라 산마루로 올라가면 넓게 펼쳐진 하의도 바다가 보였고, 마을 가장 높은 언덕배기에 큰 기와집

한 채가 있었다. 그곳에 대중이 다녔던 서당이 있었다.

하의도에는 보통학교현재의 초등학교가 없었다. 그래서 대중은 서당에 다니며, 한자를 읽고 쓰는 법뿐만 아니라 논어·맹자·회남자중국 전한의 회남왕인 유안이 편찬한 철학서 등을 익혔다. 그리고 가정, 사회, 국가를 생각하고 생활 속에서 지켜야 할 예

의범절과 더불어 사는 공동체 문화도 배웠다.

서당에서는 시험을 치르고 성적에 따라 상을 주었는데 어느 날 초암 선생은 대중에게 '김대중 장원'이라고 쓴 상장을 주었다. 대중은 상장을 들고 부리나케 집으로 달렸다. "엄마! 김대중 장원!"이라고 우렁찬 소리를 내며 대문을 들어선 대중을 보고 어머니는 무척 기뻐하셨다. 그래서 어머니는 떡과 음식을 장만해 서당 선생님께 고마움을 표시했다.

서당에서 다시 집으로 내려오는 돌담길에서 어머니는 대중에게 말했다.

"대중아, 열심히 공부해야 한다."

"네, 엄마."

"어떤 일이 생겨도 너만큼은 고등 교육을 받게 할 테니, 공부 열심히 해라."

"네, 엄마! 열심히 할게요!"

그렇게 서당 공부에 흥미를 느끼며 1년을 다니고 있을 무렵, 하의도에도 보통학교가 생겼다. 대중의 나이 여덟 살 때의 일이다. 보통학교는 4년제였는데 대중은 서당에서 공부한 것을 인정받아 2학년으로 다니게 되었다. 그 무렵 일본에 살던 친척 한 분이 대중의 집에 와서 부모님께 말했다.

"저 아이는 똑똑하니 일본에 데려가 교육하겠습니다."

친척분이 돌아가자 대중이 먼저 어머니를 졸랐다.

"엄마, 저도 정말 일본에 가고 싶어요."

"지금은 안 돼."

"왜요?"

"너는 너무 어려서 갈 수가 없어."

대중은 방으로 들어가 이불을 뒤집어쓰고 떼를 썼다.

"대중아, 네가 너무 어려서 그래. 어린 너를 보내고 내 마음이 편하겠니?"

"엄마는 공부를 열심히 하라고 하면서 공부하러 간다는데 왜 못 가게 하세요?"

대중은 공부하고 싶은 열의와 외국에 가고 싶은 생각에 어머니가 허락해 주기를 애타게 바랐다. 그런 대중에게 어머니는 말했다.

"남의 나라에서 남의 손에 어린 내 아들을 맡긴다는 것은 나로서는 생각할 수 없는 일이란다. 네 교육은 내가 책임지마. 하의도에 조금만 더 있자꾸나. 우리 집 재산을 다 팔아서라도 목포에 나가서 네가 하고 싶은 공부 마음껏 하게 해 주마."

대중은 목포로 이사한다는 말에 희망이 생겼다. 외딴 섬에서 큰 도시로 나가 공부한다는 어머니 말씀에 이내 마음이 수그러들었다. 당시 대중은 학업 우수상과 학업 우등 장려상을 받을 만큼 성적이 뛰어났고, 3년간 반장을 도맡아 하며, 차분하고 공부도 잘하여 됨됨이가 남다르다는 평가를 받았다.

마침내 어머니는 대중의 아버지를 설득해서 모든 재산을 팔아 목포로 이사하기로 했다. 순전히 대중의 교육을 위해서였다. 어머니는 무슨 일을 결정할 때는 대장부처럼 대담하고 과감했다. 그런데 막상 목포로 나가려 하자 섬에서만 살았던 부모님에게는 마땅한 일자리가 없었다. 그러나 오랜 고민 끝에 오로지 대중의 교육만을 생각하고 이사를 하기로 한 것이다. 그렇게 대중은 4학년 때 목포 보통학교로 전학을 갔다.

대중의 어린 시절은 부모님의 영향을 크게 받았다. 교육은 어머니가 도맡았고 주로 예의범절을 가르쳤다. 아버지는 늘 신문을 읽었고 예술가 기질이 풍부했다. 아버지는 하의도에서 제일 먼저 축음기 원판형 레코드에 녹음한 음을 재생하는 장치를 샀는데 〈육자배기〉나 〈쑥대머리〉를 부르곤 했다. 마을 사람들은 음악을 들으러 종종 대중의 집에 찾아와 함께 흥얼거리거나 마당에서 덩실덩실 춤을 추곤 했다. 대중은 자연스럽게 판소리 북장단을 맞출 수 있었다. 또 꽹과리, 장구, 북도 조금씩 다룰 줄 알았다. 훗날 감수성이 풍부하고 문학과 예술에 관심이 깊어진 것도 어릴 때의 영향이 컸다.

어머니는 매우 강인한 성품을 지닌 여장부였는데 대중이 잘못하면 그냥 넘어가지 않았다. 대중이 일곱 살 때 일어났던 일이다. 동네 밭두렁에서 뛰놀고 있는데 엿장수가 엿과 생활용품을 팔러 마을에 왔다. 섬사람들은 육지로 나가는 일이 드

물어서 육지에서 장사꾼들이 들어와 마을 골목길을 돌며 화장품, 머리빗, 담뱃대는 물론 여러 가지 물건을 팔았다. 그때 엿장수도 엿을 팔면서 옷가지 등을 함께 팔았다.

그런데 엿장수가 인심 좋은 마을 사람들과 술을 주거니 받거니 하다가 대낮에 흠뻑 취해버린 것이다. 엿장수는 비틀대며 불안하게 손수레를 끌더니 그만 골목길 귀퉁이에서 스르르 잠이 들어버렸다. "드르렁, 드르렁, 드르렁 콕콕" 엿장수는 코골이에 열중이고 철부지 친구들은 엿을 훔치고 물건을 하나둘씩 골라잡은 뒤 줄행랑을 쳤다. 그중 골목대장 노릇을 하던 한 친구가 호기심 가득한 눈으로 구경하는 아이들에게 자기 물건인 양 하나둘씩 나누어 주었는데 대중에게는 담뱃대를 내밀었다.

"대중아, 이거 너 가져!"

"응, 그래."

대중은 담뱃대를 본 순간, 아버지에게 갖다 주면 무척 좋아할 것으로 생각했다. 아버지의 담뱃대는 매우 낡고 볼품이 없었다. 대중은 부리나케 집으로 향했다. 그리고 앞마당에 이르러서는 천천히 발걸음을 떼면서 매우 우쭐대는 모습으로 아버지에게 담뱃대를 내밀었다. 그런데 부엌에서 나오던 어머니가 먼저 담뱃대를 보고 대뜸 호통을 쳤다. 어머니는 매우 화가 난 모습이었다.

"너 이것 어디서 났니?"

어머니는 이미 모든 것을 다 알고 있다는 눈치였다. 그리고 변명을 할 사이도 없이 대중의 엉덩이를 사정없이 때렸다. 울면서 대중은 빌고 또 빌었다.

"엄마, 엄마……."

"어린 것이 벌써 도둑질을 해?"

"엄마, 잘못했어요. 잘못했어요."

그러나 어머니는 쉽게 용서하지 않았다.

"네 손으로 직접 회초리를 가져오너라!"

그날 대중은 싸리나무 회초리로 장딴지가 멍이 들도록 맞았다. 하지만 어머니의 화는 수그러들지 않았다. 어머니의 꾸지람은 계속되었다.

"아직 머리에 피도 안 마른 것이!"

대중은 여태까지 어머니가 이토록 크게 화를 내는 것을

본 적이 없었다. 맞은 다리가 아파서 울고, 어머니에게 인정받지 못한 것이 서러워 계속 울던 대중에게 어머니가 말했다.

"가자, 거기가 어디야?"

"네?"

"이것을 가져온 곳이 어디냔 말이다!"

어머니는 대중이 울건 말건 상관하지 않고 엿장수를 찾아갔다. 엿장수는 아직도 무슨 일이 일어났는지 전혀 모른 채 코를 골며 낮잠을 자고 있었다.

"아저씨, 좀 일어나 봐요!"

어머니는 엿장수를 여러 번 흔들어 깨웠다.

"누구세요……?"

힘겹게 실눈을 뜬 채 대중의 어머니를 무슨 일이냐며 쳐다보는 엿장수에게 어머니는 호통을 쳤다.

"아저씨! 아저씨가 얼마나 부자기에 물건을 훔쳐도 가만 놔두세요?"

"……."

이 일은 엿장수에게 담뱃대를 돌려준 것으로 끝났지만, 대중은 자라면서 그리고 먼 훗날 대통령이 되어서도 이 일을 결코 잊지 않았다. 이 일을 통해서 옳고 그름을 구별하는 방법을 배웠다.

대중은 겁이 많은 소년이었다. 그러나 여덟 살 때부터 신문을 즐겨 읽은 덕분에 논리적이고 말을 잘하는 학생으로 통했다. 아버지는 마을의 이장이었는데 당시 이장에게는 신문이 무료로 배달되었다. 대중은 아버지가 읽은 신문은 꼭 챙겨 읽었다.

무엇보다 일제 강점기였던 탓에 아버지는 정치에 관심이 많았다. 마을 사람들은 일본인이 우리나라 사람을 학대하고 먹고살기 어렵게 한다고 비난했다. 아버지는 대중에게 일본이 우리나라를 억압하고 있다며 나라를 구하는 큰 일꾼이 되도록 노력하라고 말했다.

일제 강점기 동안 우리 민족이나 역사에 대해 이야기하는 것은 금지되었다. 그러나 아버지는 집 안 어딘가에 몰래 숨겨 놓은 조선 왕조 계통도를 펼쳐 놓고 대중에게 역사를 가르쳤다. 아버지는 대중에게 민족 교육을 하려는 것이었지만 대중은 무슨 말인지 알아들을 수 없어 단순히 "네"라고 대답하며 이야기가 빨리 끝나기만을 기다렸다. 사실 역사가 어렵기도 했지만 일본 순사가 마을을 돌아다니며 감시하는 것에 겁이 났기 때문이다.

하의도 주민 대부분은 원래 농사짓던 땅의 주인이었지만 일본인이 그 땅을 빼앗아 서로 팔아넘겼다. 그래서 하의도 주민은 남의 땅을 일구는 소작농 신세가 되어 모두 분개하고 있었다.

"이런 나쁜 놈들! 우리가 애써 지은 땅을 빼앗아 자기네 땅이라고 우기다니!"

대중의 아버지는 마을 사람들과 함께 소작농 반대 운동을 벌였다. 아버지는 마을 사람들을 잘 설득하여 함께 뜻을 모아, 일본인들이 소작료_{농지를 빌려 농사를 지은 대가로 주인에게 치르는 사용료}를 내라고 하면 절대 내지 않고 버텼다.

대중은 아버지에게 생각과 논리, 정의롭게 사는 방법을 은 연중에 배웠고 누군가에게 무엇을 이야기할 때는 늘 민족과 역사적 배경을 말한 후 자기 주장을 펼치는 것을 익혔다. 대중은 자라면서 아버지에게서 농민 운동과 반일 운동에 대한 영향을 크게 받았다. 그래서 꼭 마을 사람과 아버지의 한을 풀어 주는 지도자가 되고 싶었다.

이런 환경에서 대중은 자연스럽게 정치에 관심이 많아졌다. 신문 1면을 습관처럼 읽으며 우리나라 정치 흐름을 헤아렸다. 신문 1면에는 나라의 가장 중요한 일이 기사로 실렸고 그런 일들이 대중에게 흥미롭게 다가왔다. 궁금한 점은 아버지에게 묻고 아버지의 설명을 들은 후에는 자기 의견을 이야기하는 일이 늘 즐거웠다. 담임 선생님도 "대중이는 이다음에 뛰어난 정치가가 될 거야"라고 여러 번 말하곤 했다. 그럴

수록 훌륭한 정치인이 되고 싶은 꿈은 커져 갔다.

열 살 때였다. 하의도 앞바다는 늘 작은 고깃배뿐이었는데 거대한 일본 군함이 보였다. 섬 소년에게는 무척 충격적인 장면이었다. 일본이 거대해 보였던 만큼 군함도 크게 보였다.

'우리나라 배라면 얼마나 좋을까?'

대중은 다른 나라 배들이 우리나라 바다를 오가며 맞은편의 작은 섬 옥도에 머무를 때마다 부러움과 함께, 힘없는 나라에 대한 슬픔이 철썩이는 파도처럼 밀려오곤 했다.

목포로 이사 온 대중은 목포 북교 공립 심상 소학교_{초등학교의 옛말}를 졸업하고, 5년제인 목포 공립 상업학교에 입학했다. 정치가가 꿈이었던 대중은 이때부터 자신의 인생을 정치에 걸겠다고 거듭 다짐했다. 상업학교 입학 당시 일본 학생들을 제치고 1등을 차지했다. 그리고 지도력도 남달라 3학년까지 계속 반장을 도맡았다.

반장인 대중은 청소를 감독하는 일도 도맡았는데, 어느 날 일본인 학생과 시비가 붙어 싸우게 되었다. 교실은 아수라장이 되었고 한국인 학생과 일본인 학생의 패싸움으로 커져 버렸다. 이 일로 대중은 반장 자리를 내놓아야 했고 날로 의기소침해지고 성적도 더는 오르지 않았다.

'우리나라는 잘못한 일도 없는데 왜 일본 식민지라는 이유로 늘 기죽어 지내야 하는 거야?'

대중은 아무리 생각해도 너무 억울했다.

"선생님, 제가 뭘 잘못했어요? 저는 반장으로서 할 일을 한 것뿐 인데요?"

"이 녀석이 말대꾸는!"

"선생님, 우리는 잘못한 일이 없는데 왜 늘 일본인에게 사과해야 해요?"

대중은 눈물을 흘리면서 선생님에게 따지곤 했다. 그러나 결과는 늘 마찬가지였다. 대중은 성격이 활달한 편이 아니어서 친하지 않은 친구를 만나거나 같은 반 친구 집에 가면 부끄러워했다. 하지만 옳은 일이라고 생각하면 포기하지 않았다. 잘못된 일에는 논리적으로 반박하며 자신의 주장을 분명히 했다.

대중은 목포 공립 상업학교 졸업반 때 만주에 있는 건국대학에 진학하기를 원했다. 어려운 집안 형편 때문에 등록금이 면제되는 학교에 가고 싶었다. 그는 목포 공립 상업학교 전체 164명 중 39등으로 졸업했지만 여러 가지 이유로 건국대 진학을 포기한 채 바로 회사에 들어갔다.

해방되면서 일본인 사장이 일본으로 돌아가자 1백 명이 넘는 직원이 일하던 회사는 주인 없는 처지가 되었고 결국 대중이 스물두 살 때 회사 관리자가 되었다.

이후 자립해서 선박 회사를 직접 경영했다. 바닷가에서 태어나 어린 시절을 보내면서 수평선을 바라보며 훗날 선박 회사를 운영해 보고 싶다는 생각을 자주 했다. 섬사람에게 배는 발과 마찬가지로 중요한 교통수단이었고, 거대한 외국 선박과 일본 군함이 고향 앞바다를 지날 때마다 그 꿈은 더욱 커졌다.

20대 젊은 나이에 해운 사업에 뛰어들자마자 목포에서 유명 사업가가 되었다. 배를 만드는 조선소를 차리고《목포일보》를 인수해서 사장이 되기도 했다. 신문을 보며 꿈을 키우던 소년이 마침내 신문을 만들어 많은 사람에게 정보를 제공하는 사람이 된 것이다.

첫 번째 계단

대중은 자연환경에 순응하면서 미래의 길을 일구어 나갔다. 계단식 논밭, 돌담길과 바닷길은 희망의 길이었다. 그곳에서 만난 풍경 중 하나인 배를 만들어 놀기도 했고 20대 젊은 나이에 선박 회사 사장이 되었다.

어린 시절, 섬 안에는 초등학교가 없었지만 우선 서당에 들어가 학문의 기본 과정을 익혔다. 교육에 대한 열정이 남달랐던 어머니의 엄격한 가르침을 따르며 차근차근 큰 꿈을 키웠다.

예술가 기질을 타고난 아버지, 신문 읽기를 통해 민족과 역사를 생각하도록 애썼던 아버지 덕분에 세상을 넓게 보는 시야를 가지게 되었고 억울한 사람들의 희망 전도사가 되는 정치 지도자를 꿈꿨다.

반장을 도맡아 지도력을 발휘하고 친구들과 선생님 앞에서 당당하게 논리적으로 이야기할 줄 알았다. 그리고 신문을 즐겨 읽던 소년은 신문사 사장이 되었다.

탈무드에는 이런 구절이 나온다.
'향수 가게에 들어가면 향수를 사지 않더라도 그 가게를 나오면 향수 냄새가 난다.'
이 말은 교육 환경의 중요성을 일컫는 말이다. 어디서, 어떻게 태어났든 주어진 환경을 긍정적으로 받아들여 자신의 것으로 만들어 가는 것이 중요하다.

희망은 가능성을 믿고 그 가능성을 위해 자신의 모든 열정을 다 바치는 것을 말한다.

낙선과 가족의 죽음

청년 김대중은 교육자의 길을 꿈꾸기도 했지만 가정 형편이 어려워 장래에 무엇을 할 것인가에 대해 고민이 많았다. 학창 시절 선생님도, 마을 사람도 모두 한결같이 "대중이는 정치하면 성공할 거야"라고 말했다. 그 말이 머릿속에서 지워지지 않았다.

하지만 결정적으로 정치인의 길을 걷기로 한 것은 6·25 전쟁 때 사업 일로 출장 중에 북한군에게 붙잡혀 처형될 고비에서 탈출한 경험 때문이었다. 정부에서는 북한군의 침입에 아무런 대비도 없이 "사흘이면 평양에 가고 일주일이면 백두산까지 진격한다"는 말만 되풀이했다. 또 그들은 도망가면서 국민에게 방송을 통해 이렇게 말했다.

"국민 여러분 걱정하지 마십시오. 우리 군이 계속 북한군을 무찌르고 있습니다."

김대중은 정부가 국민을 속이고, 정치가 잘못되면 국민이 얼마나 불행해지는가를 깨달았다. 그런 정부를 보다 못해, 정치가가 될 생각을 하게 된 것이 바로 이 무렵부터였다. 그러나 정치가의 길은 처음부터 가시밭길이었다. 정말 눈물겹고 험난한 길이었다. 그때는 정치적으로 매우 혼란한 시기였다. 김대중은 어둠의 시대를 직접 밝히는 주인공이 되고 싶었다. 이승만 대통령의 지도력은 엉망이어서 각종 부정부패와 크고 작은 사건들이 곳곳에서 발생했다. 농민들과 어민들이 물건을 팔기 위해서 공무원에게 뇌물을 주어야 하고 매일 오르기만 하는 물가 때문에 국민의 불만이 높았다. 그래서 대통령을 비난하는 국민이 날로 늘었다. 이것은 국회 의원 선거에서 대통령을 지지하는 여당보다 무소속 의원이 60퍼센트 이상을 차지하는 결과로 나타났다.

"밤새 안녕하셨소?"

"정말 힘들어서 못 살겠소."

만나는 사람들마다 주고받는 인사말이 살기 어렵다는 것이 대부분이었다. 어려운 시절이었기에 날이 밝기까지 '별일 없었느냐'는 뜻에서 "밤새 안녕하셨냐"는 인사말이 유행했다. 어떤 사람들은 인사를 받으면 아예 "못 살겠다", "사는 게 사는 게 아니다"라고 대답할 정도였다. 국민은 서서히 정부로부터 등을 돌리기 시작했다. 이런 국민의 생각과 달리 이승만 대통령은 다시 한 번 더 대통령이 되고자 했다. 국민 여론이 불리해지자 국가의 법을 고쳤고, 동시에 자신의 세력을 모으기 위하여 자유당을 만들었다. 그 과정에서 나라가 더욱 시끄러워졌다.

'세상이 더는 이래서는 안 되겠구먼.'

김대중은 올바른 정치만이 나라를 구할 수 있다고 생각했다.

'이대로는 안 되겠어! 내가 목숨 걸고 이런 정치를 끝내야겠어!'

김대중은 부패한 정권과 싸울 것을 다짐했다.

"세상을 바꿉시다!"

주민을 만날 때마다 두 주먹에 불끈 힘을 주며 함께 세상을 바꾸자고 외쳤다.

"역시 김대중이야!"

"우리 목포가 김대중을 키웁시다!"

이런 말들이 사람들 입에서 입으로 이어졌다. 그런 김대중이 국회 의원 선거에 출마하자 자유당은 온갖 협박과 방해를 했다. 결국, 김대중은 처음으로 출마한 선거에서 참담하게 지고 말았다.

그 무렵 김대중은 가톨릭 세례를 받았다. 영세 이름은 토머스 모어였다. 이때 시작한 신앙생활은 훗날 그가 겪게 될 수많은 고난과 역경을 이겨 낼 수 있는 큰 힘이 되었다. 나아가 자신을 절망으로 몰아넣었던 정치인에게도 용서와 사랑을 베풀었다.

    김대중 앞에 어려움이 닥칠 때마다 정부와 여당은 그에게 편안하게 정치할 수 있는 길을 선택하라며 다그쳤다. 그러나 김대중은 어려운 형편과 험난한 야당 정치인의 길을 포기하지 않았다. 야당 정치인으로 사는 일은 힘들었지만 부정부패와 민주적이지 못한 정치 세력과 싸워 하루빨리 정치 선진국을 만들고 싶었다. 그 길은 권력을 가진 힘센 여당과 맞서 싸우는 길이어서 험난하고 멀기만 했다.

    김대중은 목포에서 패배한 지 4년 만에 강원도 인제에 출마했지만 떨어지고 말았다. 그후 1년 뒤 치른 민의원 선거에서도 마찬가지였다. 선거는 매우 어려운 싸움이었다.

    "김대중은 공산주의자다."

"김대중을 지지하는 사람은 공산주의 동조자다."

여당 후보는 '김대중은 공산주의자'라는 거짓 소문을 퍼뜨렸다. 별안간 일어난 전쟁에 가족과 친지를 잃은 사람들과 굶주림에 지친 사람들에게 북한은 원망의 대상이었다. 그래서 공산주의자라는 말은 북한을 떠올리게 되었고 그런 북한과 친한 정치인처럼 보이는 것은 곧 위험한 사람을 뜻했다. 김대중은 억울했지만 자신이 옳다고 생각한 것은 쉽게 포기하지 않았다. 그래서 언젠가는 여당의 잔꾀를 국민이 알리라고 믿으며, 이런 거짓말에 아랑곳하지 않고 외쳤다.

"여러분! 민주 사회를 앞당겨야 합니다. 그러기 위해서는 이승만 정권의 부정부패가 사라져야 합니다. 민주주의가 가장 빠른 경제 발전으로 가는 길입니다!"

"똑똑한 사람인데 국민 수준보다 너무 앞서 나가네."

그가 연설하는 곳마다 사람들은 이렇게 생각했다. 그때마다 김대중은 다시 말했다.

"우리 국민은 세계에서 가장 똑똑한 국민입니다. 5천 년 역사가 그냥 생긴 것이 아닙니다. 국민을 얕보는 것은 독재자이고 그들이 국민을 바보로 알고 거짓말을 하는 것입니다, 여러분!"

그는 늘 하루빨리 대한민국의 민주주의가 이루어져야 한다고 목청껏 외치며, 민주주의 희망의 전도사를 자처하며 유권자를 찾아다녔다. 언젠가는 그 희망이 현실로 다가올 것이라는 믿음은 갈수록 커졌고 수많은 좌절 속에서도 민주주의를 위해 오뚝이처럼 일어났다.

"아버지, 다녀오셨어요?"
"오냐."
"아버지, 어머니가 매우 편찮으세요."

그날 밤늦게 집에 들어왔는데 저녁도 먹지 않은 채 누워있는 아내 옆에서 두 아들이 아버지를 반겼다. 아이들의 얼굴은 어두웠다. 순간, 김대중도 마음이 아팠다. 독재 정권과 맞서 싸우는 김대중이지만 그도 집으로 돌아오면 한 가정의 아

버지이자 남편이었다. 가정을 책임져야 할 가장으로서 마음이 아플 때가 한두 번이 아니었다. 정치인의 꿈을 결코 버릴 수 없었지만 10년 넘게 선거에서 패배하면서 숨 쉴 힘조차 없을 정도로 가난 앞에서 비참하고 처량했다. 참을 수 없는 괴로움의 연속이었다. 김대중은 힘없는 가장인 자신의 모습에 탄식하며 쉽게 잠들지 못했다.

연이어 선거에 패배하고 깊은 시름에 잠겨 지내던 날들이 이어졌다. 결국, 아내 차용애는 세상을 떠나고 말았다. 아내는 숱한 고난 속에서도 늘 웃던 인생의 아름다운 동반자이자 후원자였다. 선거를 치르는 동안에도 절대 힘든 내색을 하지 않았다. 오히려 "여보, 집안일은 걱정하지 말고 후회 없이 일하세요"라며 용기를 북돋아 주던 훌륭한 아내이자, 두 아이의 어머니였다.

가난 속에서 남편의 잇따른 선거 패배로 정신적 충격이 커지면서 밤잠을 설쳐 수면제를 복용해 왔는데 너무 많은 약물이 텅 빈 가슴을 멍들게 한 것이다. 신음하던 아내를 급히

구급차에 태웠지만 병원으로 가는 도중에 숨을 거두고 말았다. "여보, 여보……." 수없이 아내를 불렀지만 끝내 말이 없었다. 김대중은 자신의 선거 패배가 아내를 죽음에 이르게 했다는 죄책감에 사로잡혀 오랫동안 슬픔에 빠져 지냈다.

슬픈 날들을 보내던 김대중에게, 자유당에서는 들어오기만 하면 막대한 돈을 주겠다고 제안했다. 시련이 올 때마다 늘 이런 일이 되풀이됐지만 거절했다. 며칠 후 그와 경쟁했던 여당 후보가 3·15 부정 선거에 연관된 사실이 밝혀졌다. 그래서 인제에서 다시 보궐 선거의원 임기 중에 빈자리가 생겼을 때 그 자리를 채우기 위하여 하는 임시 선거를 치르게 되었다. 김대중은 민주당 후보로 다시 출마해 마침내 당선되었다. 꿈에 그리던 국회 의원에 당선된 것이다. 춤이라도 추고 싶었다. 얼마 전에 죽은 아내가 자꾸 떠올라 흐르는 눈물을 참을 수 없었다.

"여보, 며칠만 더 살아 있었더라면…… 여보……."

당선된 모습만 보고 죽었더라도 여한이 없었을 것이라 생각했다. 김대중은 이틀 동안 지역구_{일정 지역을 한 단위로 하여 설정된 선거 구역}를 돌며 주민에게 감사의 인사를 했다. 마음이 들뜬 채 마을 구석구석을 찾아다닌 지 3일째 되는 날, 서울에서 의원 선서가 기다리고 있었다. 유독 그날 밤은 유난히 길었다. 소풍 가기 전날 설레던 소년처럼 긴 밤을 뜬눈으로 지새웠다.

그런데 이런 날벼락이 어디 있을까! 다음날 5월 16일 새벽 군사 정변이 일어났다. 사회와 정치가 불안한 틈을 이용해 박정희 육군 소장의 주도로 육군 사관 학교 8기생 출신 군인들이 제2공화국을 폭력으로 무너뜨리고 정권을 빼앗은 것이다. 이른바 5·16 군사 정변이었다. 김대중은 결국 국회 의원 배지도 달아 보지 못하고 네 번째 국회 의원 기회마저 물거품이 되었다. 국회는 해산되었다. 군인들은 의원들이 국회에 들어갈 수 없도록 총칼로 무장한 채 국회 앞을 지켰고 국회 문은 못질해 버렸다.

김대중은 군사 정권 때문에 이틀 만에 국회 의원 자격을 박탈당했다. 인제로 돌아와 방 안에 힘없이 주저앉아 기구한 자신의 운명을 탄식할 뿐이었다.

"아버지……."

아들들은 힘없는 아버지를 바라보며 눈물을 흘렸다.

"걱정마라. 홍일아, 홍업아! 정의를 꿈꾸는 사람들에게 민주주의는 비록 힘들고 더디지만 끝내 오고 만단다. 정의가 불의에 꼭 승리하는 법이란다."

"네, 아버지. 아버지를 믿어요."

"그래, 아버지도 너희를 믿는다. 그리고 민주주의가 승리하리라고 확신한다."

군사 정권은 국회 의원만 박탈해 간 것이 아니었다. 그들은 며칠 후 김대중을 체포해 감옥에 가뒀다. 지금의 국가 정보원인 당시 중앙정보부는 '정당의 부패를 없앤다'는 명목으로 정치계 핵심 인사를 모두 잡아 가뒀다. 김대중은 현역 국회 의원은 아니었지만 민주당 대변인을 맡고 있었다. 군인들은 김대중을 '용공 혐의' 즉, 공산당의 주장을 받아들이고 그 정책에 동조하는 공산주의자라는 누명을 뒤집어씌웠다.

정치인 김대중의 길은 산 넘어 산이었다. 하나의 장애물을 넘으면 또 하나의 장애물이 그의 앞을 막아섰다. 그야말로 첩첩산중이었다. 아내가 세상을 떠난 후에 실의에 잠겨 살았는데 그의 어머니도 몸이 좋지 못했다. 누이동생도 심장병을 앓고 있었다. 거기에 엄마 잃은 두 아들의 슬픔까지……. 직업 없는 가장이던 김대중에게는 너무 버거운 시간이었다. 솔직히 하루하루가 지옥이었다. 무능한 가장인 자신이 한없이 초라했다.

그러나 속으로 다짐했다.

'절대 좌절하지 않을 거야. 힘내라, 김대중!'

김대중은 몇 번이고 자신에게 최면을 걸며 희망을 잃지 않으려 애썼다. 자신의 미래만을 믿고 외딴 섬에서 목포로 나와 일생을 바친 부모님을 생각하며 더욱 마음을 다잡았다. 김대중은 그렇게 어려움에 부닥칠 때마다 부모님을 생각하고 자신을 뒤돌아보면서 내일의 희망을 믿었다.

'나 김대중…… 스스로 용기 있는 사람이라고는 생각하지 않는다. 그렇지만 역사에서 배운 교훈만큼은 늘 새기면서 꿋꿋해지려고 노력해 왔다. 그리고 노력할 것이다. 사람은 무엇이 되기보다는 어떻게 사느냐가 중요하다. 사람은 행동하는 양심이어야 한다. 행동하지 않으면 악의 편이다.'

힘겨운 시간이 흘러가면서 김대중은 평생 반려자이자 동지인 이희호를 '면우회'라는 독서 모임에서 만났다. 당시 젊은 엘리트 여성 이희호와의 만남은 그에게 한 줄기 빛이었다. 아내와 사별한 지 3년 후의 일이다. 이희호는 미국 유학을 다녀온 후 YWCA 총무 이사를 맡고 있었다.

결혼도 하지 않은 엘리트 여성과 직업 없는 김대중과의 만남은 큰 화젯거리였다. 이희호 주변 사람들은 변변한 직업도 없는 김대중과 왜 결혼하려 하느냐며 결단코 반대했다. 하지만 독서 모임에서 토론하면서 알게 된 김대중의 논리적인 모습, 세상을 폭넓게 보는 안목과 인물 됨됨이에 끌렸다. 그러던 어느 날 이희호는 자신의 결심을 굳힌 후 주변 사람들에게 알렸다.

"나는 나를 필요로 하는 사람의 곁으로 가기로 했어요. 김대중 씨는 지금 고생하고 있지만 정치적으로 큰 인물이 될 사람입니다. 저분을 도와 반드시 훌륭한 정치인이 되도록 하는 것이 제 사명이라고 생각합니다. 어떠한 고난을 겪더라도 다 감수할 각오가 돼 있어요."

그렇게 결혼식을 올렸다. 직업 없는 김대중이 훗날 대통령이 되고 이희호가 대통령 부인이 될 것이라고는 아무도 생각하지 못했다.

'고난의 십자가'를 지고 '민주주의의 수호자'로서 험난한 정치인의 삶을 살아간 김대중의 운명은 결혼한 뒤에

도 이어졌다. 중앙정보부에서 결혼 10일 만에 김대중을 반혁명죄로 체포했다. 얼마 전 중앙정보부장 측근이 김대중을 찾아온 일이 있었다. 사탕이 부족했던 시절이어서 그는 엿을 선물로 가져 왔다.

'정보부의 사람이 나를 찾아온 것은 분명히 내 말을 꼬투리 잡아 가두겠다는 술책이지…….'

아니나 다를까, 그는 김대중 앞에서 난데없이 박정희 정권을 비난하기 시작했다. 김대중은 아무 대꾸도 하지 않았다. 그들은 이런 식으로 야당 간부들을 만난 후 나중에는 반혁명을 일으키려 했다는 식으로 사람을 잡아 가뒀다. 나중에 안 일이지만 그들은 호주머니에 녹음기를 숨기고 다니며 야당 지도자들의 말꼬리를 잡아 올가미를 씌웠다.

결국 잡혀간 김대중은 무죄로 풀려났다. 하지만 아무 죄도 짓지 않았는데 결혼을 하자마자 아내와 떨어져 한 달 동안 구치소 생활을 해야 했으니 너무 억울한 일이었다. 그리고 얼마 후에 누이동생마저 세상을 떠났다. 누이동생은 학업에 충실한 대학생이었다. 그때 심장 판막증을 앓고 있었는데 정치 활동이 금지되고 아무 일을 하지 못한 채 지내야 했던 김대중은 누이동생의 수술비를 마련할 길이 없었다. 그저 무능한 오빠일 뿐이었다. 그래서 그 죽음 앞에서 한없이 눈물만 흘려야 했다. 가난했기 때문에 누이동생을 죽게 했다는 생각은 오래도록 김대중의 가슴을 후벼 파며 괴롭혔다. 김대중은 한동안 절망의 늪에서 허우적댔다. 잇따른 가족의 죽음 앞에서 아무리 강한 김대중도 사람인지라 천근만근의 고통을 이겨 내기에는 너무 힘이 부쳤다. 그래서 펑펑 울 수밖에 없었다.

잇따른 선거 패배와 마음이 더없이 허약해지고 정신없이 바쁘게 지낸 탓에 자신의 혈육인 누이동생을 돌봐줄 시간을 갖지 못했다는 사실과 오빠로서 용기 한번 제대로 북돋아 주지 못했다는 죄책감을 쉽게 털어 낼 수가 없었다. 오래도록 견딜 수 없는 아픔의 파도가 밀려오고 부서지기를 반복했다. 시간이 길어질수록 가슴 속에서 북받치는 서러움과 자기 자신이 미워지고 이내 분노가 되어 솟구쳤다. 자신이 무엇 하나

할 수 없는 환경에서 닥친 불행이 주는 크나큰 정신적 고통이었다. 그래서 김대중은 훗날 큰 정치인으로 성공해서도 누이동생의 성묘만은 빼놓지 않고 다녔다. 사는 동안 내내 누이동생에 대한 기억은 늘 눈물방울로 맺혀 되돌아오곤 했다.

두 번째 계단

김대중의 일생은 고난의 연속이었다. 특히 정치인으로 내디딘 첫걸음부터 가시밭길이었다. 그러나 훗날 대통령이 될 수 있었던 것은 젊은 날의 좌절과 절망을 스스로 이겨 낸 힘이 원천이었다.

성공은 실패의 어머니라는 말이 있다. 김대중은 실패 후에 부딪히는 절망이 훗날 자신을 더 굳건하게 하리라는 긍정적인 삶을 살았다. 비 온 뒤에 땅이 굳어진다는 말도 이런 역경을 헤치고 대통령에 이른 김대중의 삶에서 배울 수 있다.

우리는 삶을 마라톤에 비유한다. 김대중은 힘들 때마다 현재보다는 내일이라는 희망을 보며 달렸다. 장애물을 피하지 않고 시련과 고난의 물결을 기꺼이 타면서 꿈과 열정으로 고비를 넘어 최후의 승리자가 되었다.

김대중은 스스로 용기 있는 사람이라고 생각지는 않았지만 역사에서 배운 교훈만큼은 마음에 새기며 실천했다. 진정한 승리자는 행동하는 양심이라고 믿었다. 그래서 사람은 무엇이 되기보다는 어떻게 사느냐가 중요하며, 행동하는 양심이어야 한다. 행동하지 않으면 악의 편이라고 생각하며 실천하는 삶을 살았다.

오뚝이처럼 일어나다

잇따른 선거 패배와 가족의 죽음으로 슬픔의 그늘에서 지낸 지 3년의 세월이 흘렀다. 마흔네 살 때 처음으로 총선거가 시행되고 김대중은 고향 목포에서 출마했다. 일본 NHK 등 국내외 언론이 김대중이 출마한 지역구 선거전을 직접 취재할 정도로 치열한 선거였다. 박정희 대통령의 가장 큰 정적은 김대중이었다. 정작 목포의 여당 후보는 김대중에게 경쟁이 되지 않았다. 결국 박정희 대통령과 김대중의 싸움이었고 서로에게 밀리지 않기 위해 필사적으로 싸웠다. 청와대가 목포로 옮겼다고 표현할 정도로 박정희 대통령은 목포 호텔에서 장관들을 불러 모아 놓고 국무 회의를 열어 직접 여당 후보를 찍으라고 지원 연설을 했다.

"이번에도 김대중은 어렵겠어?"

모두가 대통령까지 나선 마당에 김대중은 어렵다는 생각을 했다.

"그럼 어떻게 해야것소?"

"목포 시민이 똘똘 뭉쳐 김대중을 도와야지."

"우리가 어떻게 돕는다는 말이오?"

"김대중을 찍어 달라고 선거 운동을 하는 거제."

"박정희 쪽이 부정 선거를 못하도록 감시도 해야겠지?"

목포 시민은 삼삼오오 모이면 선거 이야기를 했다. 그리고 억울하게 패배를 거듭하던 김대중의 승리를 간절히 바랐다. 유세가 시작되면서 박정희 정권은 노골적으로 자유당 시절처럼 경찰과 공무원까지 동원해 야당을 협박하고 방해했다. 그리고 부정한 돈을 주면서 표를 찍어 달라고 호소하기도

했다. 대통령까지 나서고 돈까지 뿌리는 마당에 김대중은 매우 어려운 선거를 치러야 했다.

박정희 대통령은 목포역에서 1만여 명의 유권자가 모인 가운데 지원 연설을 했다.

"여러분, 여당 후보가 당선돼야 목포 경제가 살아납니다. 대통령이 약속합니다. 목포에 대학을 짓겠습니다. 꼭 여당을 찍어 주세요."

대통령이 나서서 목포를 잘살게 해 주고 대학까지 지어 주겠다고 약속하자 목포 시민의 마음이 흔들렸다. 당시 박 대통령은 3선 개헌을 위해 어떤 무리를 해서라도 국회 의원 의석 3분의 2 이상을 확보할 계산이었다. 김대중은 그런 박 대통령을 향해 말했다.

"여당이 부정한 방법을 사용해 선거에 힘을 쏟는 것은 결국 헌법을 고쳐 또다시 대통령을 하겠다는 의도가 아니겠습니까!"

국민이 만든 헌법을 고쳐서 또 대통령을 하겠다는 박정희를 향해 김대중은 정면으로 반박했다. 김대중을 바라본 박 대통령은 어떻게 해서든 떨어뜨리고야 말겠다는 눈빛이 역력했다.

김대중의 선거 전략은 낮에는 박 정권의 연장과 군사 정권의 반민주적인 행태를 비판하는 것이다. 밤에는 선거 때마다 늘 소외된 가난한 달동네를 찾아다니며 직접 지지를 호소하는 것이었다. 라디오가 한 집에 한 대 있을까 말까 할 정도로 가난한 시절이어서 직접 달동네를 찾아다니며 찍어 달라고 해야 했다. 이런 아이디어를 내고 김대중 후보를 대신해 직접 뛰어다니던 김원식 선거 운동원은 나중에 공산주의자인 김대중을 도왔다는 이유로 중앙정보부에 열여덟 번이나 체포되어 고문을 받아야 했다.

선거가 갈수록 치열해지면서 자연스럽게 전국의 많은 기자가 매일같이 목포로 몰려들었다. 인구 17만 명에 불과했던 작은 도시에서 공화당은 그때 돈으로 3억 원이 넘는 선거 자금을 썼다. 당시 공식 선거 비용은 730만 원이었다. 김대중은 시민이 모아준 5백만 원을 이미 써 버린 상태였다. 이런 상황에서 공화당은 밤에 집집마다 돈 봉투를 뿌렸다.

돈을 건네줄 대상은 투표하는 이름이 적힌 명부를 들고 다니며 대문이나 담벼락에 분필로 표시했다. 1천 원 건네줄 집은 동그라미, 5백 원 건네줄 집은 세모, 돈을 건네줄 필요가 없는 집은 가위표로 표시했다. 돈을 뿌리는 사람은 여당인 공화당 당원 한 명, 동사무소 직원 한 명, 경찰서 직원 한 명 등 세 명이 한 조가 되어 통행금지 시간인 자정을 넘어서까지 돌아다녔다. 세 명을 한 조로 한 것은 돈을 몰래 가져가지 못하도록 한 것이다.

"김 후보님, 여당이 오늘 밤부터 돈을 뿌린다는데, 대책을 마련해야 하지 않겠습니까?"

"어떻게 하면 좋겠소?"

"글쎄요……."

선거 사무실에는 한동안 침묵이 흘렀다. 얼마 후 김대중 후보 비서인 권노갑이 말했다.

"나에게 좋은 생각이 있소. 바로 이거요!"

김대중 선거 운동원들은 대책 회의에서 기가 막힌 아이디어를 짜냈다. 분필을 가지고 다니면서 동그라미를 지우고 가위표를 하거나, 세모를 지우고 동그라미를 그려 두는 것이다. 돈을 뿌리던 여당 선거원은 이런 작전을 눈치채지 못하고 분필로 표시된 대로 돈 봉투를 마구 뿌렸다. 다음날, 날이 밝자 여당 지지자들은 난리가 났다.

"밤에 돈 받았소?"

"아니요. 이 여당 놈들, 돈 준다고 잠도 못 자게 해 놓고 거짓말을 해?"

"이렇게 해서 어떻게 여당을 믿겠소?"

"글쎄 말이오. 투표고 뭐고 다 때려치웁시다!"

여당 지지자들은 화가 치밀었다. 밤새 돈이 오기를 기다렸다가 못 받은 사람들은 오히려 투표를 안 하겠다는 마음으로 갑자기 변했다. 반면에 가위표로 표시된 김대중 지지자들은 "이게 웬 떡이냐"며 공짜 돈이 생기자 저마다 깔깔 웃으며 김대중 선거 사무소로 찾아가 격려금으로 주었다.

　마침 돈이 바닥나 밥 한 끼 제대로 못 먹던 김대중 사무소 사람들에게 이 돈은 가뭄에 만난 단비였다. 김대중 사무소는 잔칫집 분위기로 바뀌었고, 여당 후보 사무실은 초상집 분위기로 돌변했다. 여당 측은 이 사실을 나중에 알았지만 아무 말 못하고 속만 태웠다. 돈을 뿌리는 것은 불법이므로 되돌려 달라고 말할 수도 없는 일이었다. 돈을 돌려달라고 하는 것은 곧 "우리가 불법 선거를 했다"고 고백하는 셈이었다.

　김대중과 여당 후보는 애당초 적수가 아니었다. 김대중의 연설 솜씨는 정말 뛰어났다. 그런데 중반부터 박 대통령이 내려와 지원 연설을 하고, 많은 공약을 쏟아 내고 돈을 뿌렸다. 그러자 가난한 목포 시민은 목포 발전을 위해 여당 후보가 당선되어야 한다고 생각하는 사람이 갈수록 늘어났다. 그런데 입소문을 통해 여당의 불법 선거가 널리 퍼지면서 역전에 성공하는 분위기로 변했다. 김대중 지지자들은 예상하지 못했던 돈 봉투 사건을 입소문 내기 시작했다. 김대중 연설회장에는 직장인, 주부들이 구름처럼 몰려들었다. 젊은 정치인에게 사인해 달라고 아우성이었다. 김대중 비서들은 "자, 자, 줄을 서세요" 하며 즐거운 비명을 질렀다. 김대중은 연설 후 몇 시간 동안 사인하는 진풍경이 벌어졌다. 어린이는 공책을 찢어서, 여학생은 블라우스에, 어른 중에는 자신의 주민 등록증 뒤에 사인을 받았다. 군사 정권으로부터 억압 받던 시절이고 유세장 주변에 경찰과 중앙정보부원들이 서서 바라보고 있었음에도 시민은 아랑곳하지 않고 '김대중'을 연호하며 '한국의 케네디', '전라도 대통령'을 소리쳤다. '김대중은 공산주의자'라고 여전히 부정적인 여론도 있었지만 젊은 층과 주부들은 목포를 위해 전라도 출신 대통령을 만들자는 분위기가 뜨거웠다.

　선거 막바지에 김대중에게는 또 하나의 결정적인 반전 카드가 나왔다. 목포 경찰서 정보 반장 나승원 경사가 여당에서 만든 부정 선거 비밀 지령문을 폭로해 버린 것이다. 이것은 김대중을 낙선시키기 위한 문건이었다. 다른 야당 후보를 돕기 위해 경찰이 폭로했는데, 오히려 김대중 후보 지지표로 쏠렸다. 언론과 지역 유권자들에게는 정부와 여당이 불법 선거를 앞장서서 하고 있다는 사실이 잇따라 확인되면서 김대중의 인기만 날로 치솟았다. 유권자들은 점점 여당에 분개했다.

"여보게 김 씨, 이번에는 꼭 투표해야 해."

"알았네, 우리 집은 다 투표할 것이네."

"엄마, 아빠 꼭 투표하세요!"

"오냐, 이번에는 김대중을 찍을 거다."

"그래요, 아빠. 투표해서 꼭 본때를 보여 줘야 해요."

목포 시민은 너나없이 이번에는 투표하겠다는 의지가 높았다. 투표율이 높으면 야당이 유리했다. 투표율이 낮으면 여당은 당원들을 동원해 투표하기도 했다.

목포에는 나승원 경사 폭로 기자 회견까지 겹치면서 전국에서 가장 유명한 선거구가 되었다. 선거 마지막 날 연설회장은 온통 흥분의 도가니였다. 시내 곳곳에서 김대중 바람이 불었다. 김대중은 그날 마지막 연설을 이렇게 했다.

"여러분! 저 김대중은 만약 부정 선거, 부정 투표를 한다면 목숨을 걸고 그것을 저지할 것입니다. 이 나라 민주주의를 지키기 위해 기꺼이 제 목숨을 걸겠습니다. 저는 싸우다 죽을지 모르지만, 여러분이 애도의 꽃다발을 바치기 전에 저를 발판으로 민주주의를 이루어 주십시오. 그것이 저 김대중에 대한 진정한 선물이 될 것입니다."

김대중의 비장한 외침에 시민은 "김대중! 김대중!"을 더욱 소리 높여 외치며 지지했다. 박정희 대통령과 김대중의 대리 선거전을 언론과 정치권에서는 '이것은 선거가 아니라 전쟁'이라고 부를 정도로 정말 뜨거웠다. 그 뜨거운 열기는 여당 의도대로 흘러가지 않고 정반대로 목포 시민을 똘똘 뭉치게 했다.

공식 선거 운동이 끝났다. 문제는 부정 투표와 부정 개표를 막는 일이 남았다. 김대중 후보 선거원들은 투표 직전에 선거인 명부를 확인했다. 역시 걱정한 대로 죽은 사람, 다른 지역으로 이사 간 사람 등 목포 시민이 아닌 가짜 유권자 3천

명을 발견했다. 김대중은 목포 시장에게 잘못된 이름들을 지워 달라고 요구했다. 시장은 여당 쪽 사람이어서 거부했다. 당시 목포에는 대통령뿐 아니라 김형욱 중앙정보부장도 내려와 있었다. 대놓고 부정 선거를 하려 하자 목포 시민은 더욱 격분했다. 김형욱 중앙정보부장은 박정희 대통령에게 목포 분위기를 보고했다.

"각하! 이대로 부정 선거를 계속하면 제2의 마산 사태가 일어납니다."

"할 수 없구먼. 철회해!"

박 대통령은 민중 봉기가 일어날까 봐 유령 명단을 없애라고 지시했다.

결국 허위 명부 사건은 일단락되었다. 그다음 문제는 투표장을 잘 감시하는 일이었다. 참관인만 들어올 수 있는 투표장에 깡패 같은 몸집이 큰 사람들이 드나들며 야당 지지자들을 협박했다. 그런대로 투표가 무사히 끝났다. 이제는 개표 과정을 잘 감시하는 일이 남았다. 김대중 후보의 비서 권노갑은 참관인들에게 지시를 내렸다.

"마지막까지 긴장을 늦추지 마세요. 여당이 마지막 수단으로 개표장 전기를 끌 것이고, 그 순간 표를 바꿔치기할 가능성이 커요."

"전기를 끄면 우리가 어떻게 해야 합니까?"

"모두 손전등을 준비하세요."

"아, 네. 그렇게 하면 되겠네요!"

혹시나 했던 일이 역시 개표장에서 일어났다. 여당 후보 당선을 위해 경찰과 중앙정보부 요원들이 개표장 주변을 에워싸기 시작했다. 야당 참관인들은 직감적으로 그들의 움직임을 예의 주시했다. 아니나 다를까 그들이 있는 곳에서 전기가 꺼졌다.

"결국 이렇게 당하는구나!"

야당 참관인들은 한숨을 내쉬며 총을 차고 경찰들이 대놓고 부정 선거를 하는 모습 앞에서 절망감에 사로잡혔다. 그런데 그 순간, 방송 카메라 조명용 라이트가 일제히 켜졌다. 카

메라맨들이 많이 몰려들어 전기가 켜진 것처럼 환해졌다.

하늘은 스스로 돕는 자를 돕는다고 했다. 방송사 카메라 불빛과 함께 야당 참관인들은 일제히 손전등을 켰다. 1만여 명의 목포 시민이 일제히 "우-" 하고 함성을 내질렀다. 개표장은 시민 기세에 눌려 전기가 다시 켜졌다. 그러나 언론사가 감시한 상태에서 개표 부정은 더는 불가능했다.

결과는 김대중 당선이었다. 김대중은 목포 시민에게 감사 인사말을 전했다.

"이번 선거는 김대중의 승리를 넘어 목포 시민의 위대한 승리, 민주주의의 위대한 승리입니다!"

세 번째 계단

세 번 연속 국회 의원 선거에서 떨어진 김대중은 어린 시절과 청년기를 보낸 목포로 돌아와 마침내 국회 의원에 당선됐다. 여당이 각종 부정 선거를 일삼으며 방해했음에도 시민의 힘을 빌려 부정 선거를 감시하고 이를 적극적으로 바로 잡아가는 전략을 펼치면서 진정한 민주주의의 승리자가 된다.

하늘은 스스로 돕는 자를 돕는다. 김대중은 '눈에는 눈, 이에는 이'라는 부정한 방법으로 대응하지 않았다. 정의는 반드시 승리한다는 신념으로 선거전을 치렀다. 그 당시 김대중을 지켜본 시민과 언론은 독재 정권에 맞선 민주주의 대장정에 아름다운 동행자가 되었다.

김대중은 장애물이 생기면 이를 피하지 않고 반드시 스스로 넘어섰다. 길이 막히면 만들었다. 목포 출신 대통령을 만들자는 시민의 바람은 30년이 지난 1997년, 대한민국 15대 대통령 당선으로 그 꿈을 이룬다. 그 꿈을 이루기까지 김대중은 희망은 그 가능성에 대한 열정이라는 말을 잊지 않았다.

실천하는 자에게 꿈은 반드시 이루어지는 것이다.

대통령 후보가 되다

숱한 파도를 넘으면서 끝끝내 살아남아 국회 의원이 되는 데 성공한 김대중은 국회가 개원하자마자 눈부신 의정 활동을 펼쳐 언론과 국민의 주목을 받았다. 또한 국회 도서관을 가장 많이 찾는 의원으로 유명했다. 그리고 경제, 외교, 국방 등 다양한 분야에서 활발한 활동을 펼쳤다.

김대중은 국회에서 발언할 기회가 생길 때마다 이렇게 외쳤다.

"한국 민주주의를 하루빨리 앞당깁시다!"

"남북이 통일돼야만 합니다."

"한반도가 하나 돼야 세계 일류 국가가 됩니다!"

이런 발언은 당시 국회 의원들이 생각해 내지 못한 것들이었다. 김대중은 늘 앞서 가는 생각으로 미래를 준비하자고 주장했다.

이런 일도 있었다. 국회 본회의에서 5시간 19분 동안 혼자 연설한 것이다. 이 연설은 세계에서 가장 오랜 발언으로 기네스북에 올라 있다. 초선 의원 김대중이 도대체 무슨 일로 그토록 긴 시간 동안 연설했던 것일까. 그당시 야당의 김준연 의원은 "박정희 정권이 한일 비밀 회담을 했고 일본으로부터 비자금 1억 3천만 달러를 받았다"라고 폭로해 파문이 크게 일었다.

우리나라는 36년 동안 일본의 식민 지배를 받았다. 그런 고통스럽던 시절을 생각하면 정부가 비밀리에 정치 회담을 하고 그 대가로 돈을 받았다는 것은 더더욱 심각하고 충격적인 일이었다. 따라서 국회 의원 신분으로 이 문제를 제기한 것은 매우 중요했다. 그러나 군사 정권은 야당 의원이 거짓말하고 있다면서 거짓말한 국회 의원을 구속하겠다고 국회 의장에게 요청했다. 국회 의장은 여당 출신으로 회기 마지막 날 구속 동의안을 전격적으로 처리할 생각이었다.

김대중은 여당의 이런 전략을 미리 알았고 이를 막기 위해 '합법적 의사 진행 방해'를 통해 구속 동의안 처리를 막았다. 김대중은 국회 회의가 열린 2시 36분에 첫 발언을 시작해 마감 시간인 오후 6시를 훌쩍 넘겨 7시 55분에 발언을 끝냈다. 결국 군사 정권은 야당 국회 의원을 구속하지 못하고 국회 일정을 끝내야 했다.

"아, 김대중 대단해!"

"정말 어디서 저런 연설 실력이 나오는 거야?"

"우리나라 국회에 인물 나왔구먼. 대단히 큰 인물이 되겠는데."

국회 회기가 끝나고 의사당을 나오는 여야 모든 국회 의원들은 장장 다섯 시간이 넘는 동안 쉴 새 없이 발언한 김대중에 대한 이야기뿐이었다.

목포에서 새로운 정치 영웅으로 혜성처럼 등장한 김대중은 이때부터 야당의 차세대 주자로 떠올랐다. 언론은 김대중을 가리켜 '비전을 제시할 줄 아는 정치인', '큰 그릇의 정치인'으로 표현했다. 김대중은 서서히 국민 속에 미래의 정치 거목으로 그려지고 있었다. 이즈음 박정희 대통령은 김대중 발언 사건 후 국회 의원 발언 시간을 제한하는 국회법을 만들도록 여당에 지시했다. 이후 우리나라 국회는 국회 의원 발언 시간이 15분 이내로 정해져 지금까지 내려오고 있다.

김대중은 마흔여섯 살 때, 신민당 전당 대회에서는 '40대 기수론'을 주창하며 박정희 대통령과 경쟁할 다음 야당 대통령 후보 자리를 놓고 경쟁하고 있었다. 40대 기수론은 원로들이 맡아 오던 정치를 앞으로는 젊은 40대가 맡아야 한다는 주장이었다. 당시 야당의 40대 지도자는 마흔여섯의 김대중, 마쉰셋의 김영삼, 마흔여덟의 이철승이 있었다.

이 세 사람을 중심으로 야당 대통령 후보 선출을 위한 전당 대회가 열렸다. 1등이 절반이 넘는 표를 얻을 때까지 계속 투표하는 방식이었다. 888명 대의원을 상대로 투표한 결과 1위는 421표를 얻은 김영삼, 2위는 385표의 김대중, 나머지 82표는 무효표로 처리됐다. 무효표가 많이 나온 까닭은 선거 전날 유진산 총재가 김영삼 후보를 지명했다는 소식에 이철승 후보가 유진산 총재에 항의하는 뜻으로 자신의 지지자들에게 백지 투표를 지시했기 때문이다.

다시 2차 결선 투표가 시행됐다. 김대중은 이철승 후보를 지지했던 표를 모두 끌어와 458표를 받았다. 410표에 그친 김영삼 후보에게 역전했다. 일약 야당 대통령 후보가 된 김대중은 후보 수락 연설문을 미처 준비하지 못했지만 평소 생각을 정리해 그 자리에서 연설했다.

오늘의 승리는 김대중 한 사람의 승리가 아니라 우리 신민당과 3천만 국민이 승리한 순간이라고 확신합니다. 이제부터 새로운 시대가 열립니다. 대중大衆이 주인이 되어, 대중에 의한 시대를 만들 때입니다. 자유와 번영과 사회 복지, 통일 시대를 만들어 가겠습니다. 나는 그 새로운 시대의 선두에 서서 국민의 자유와 행복을 위해 싸우겠습니다. 박정희 대통령이 노리는 장기 집권을 저지하고 건국 이래 국민의 숙원이었던 민주적 정권 교체를 반드시 실현하겠습니다.

"대중아, 장하다, 결국은 네가 해냈구나!"

"네, 어머니. 고맙습니다. 당을 잘 이끌어 새 발전의 역사를 시작

할 것입니다. 민권 승리의 역사를 창조할 것입니다."

대한민국 제1 야당 대통령 후보가 된 그를 보고 가장 기뻐한 사람은 김대중의 어머니였다. 오로지 아들 앞날을 위해 섬에서 온 가족을 데리고 뭍으로 나왔던 어머니였다. 고등학교 때까지 반장을 도맡았던 김대중은 이제 야당을 이끄는 대표 주자가 된 것이다. 김대중은 일주일 후 야당 대통령 후보로서 정식 기자 회견을 했다.

기자 회견에서 제일 먼저 꺼낸 공약은 통일 정책이었다. '통일'이라는 단어를 사용해 그토록 '공산주의자'로 몰렸던 그는 정면 돌파를 선택했다.

하루빨리 통일되어야 합니다. 남북이 하나로 뭉쳐야 한반도가 부강해지고 우리 민족은 세계 강대국이 됩니다. 정치·경제·사회·문화·국방에 걸친 획기적인 개혁으로 북한을 능가한 국력을 갖추고, 미국·소련·일본·중국을 통해 한반도에서 전쟁을 막겠다는 보장을 받은 후 남북 간의 긴장 완화를 위해 서로 기자 교류, 체육 교류, 편지 교류를 해야 합니다.

기자 회견이 끝나자, 박정희 대통령은 기다렸다는 듯이 공격을 했다.

적대국 중국과 소련에 우리나라의 안전 보장을 요구하는 것은 나라의 기강을 위협하는 일입니다. 북한은 한반도를 무력으로 정복하고 공산화시키려고 하고 있습니다. 그런데 북한에 화해를 제안하다니 이게 무슨 소리입니까? 김대중의 사상이 참으로 의심스럽습니다.

그러나 주변 강대국과 외국 언론의 반응은 달랐다. 김대중의 공약을 '김대중의 4대국 보장론'이라고 이름을 붙여 매우 획기적인 통일 정책이라고 박수를 보냈다. 국내 지식인들도 아주 새로운 발상의 파격적인 통일 정책이라고 지지를 보냈고 대학과 시민 단체들은 자연스럽게 한반도 평화 통일에 대한 논의가 시작되고 통일에 대한 관심이 높아갔다.

잇따라 정치권 뉴스 메이커가 된 김대중은 얼마 후 다시 기자 회견을 열어 대중 경제 정책을 발표했다.

김대중은 40년 전에 요즘처럼 주식이 일반화되고 회사마다 자유롭게 노동조합이 생기고 일반인도 주주가 되어 경영에 참여하는 경제 정책을 주장했던 것이다. 이것이 김대중의 대중 경제론이다. 이러한 구상은 논문으로 발표되었고 하버드 대학교에서는 교재로 출판하기도 했다.

목포 선거 때부터 '한국의 케네디'로 불리며 정치 영웅으로 떠올랐던 김대중은 대통령 선거를 2개월 앞두고 워싱턴으로 갔다. 뜻밖에도 야당 지도자를 맞는 미국 국무부는 김대중을 환대했고 에드워드 케네디 상원 의원도 그를 만나 김대중 후보에게 이렇게 말했다.

"김대중 당신이 한국의 케네디로 불리고 있다는 것을 잘 압니다. 지금까지 케네디 집안은 선거에서 진 적이 없습니다.

이번 선거에서 반드시 이겨 주세요. 나는 미국 정부가 한국의 독재 정권을 지지하는 것에 불만이 많습니다. 김대중 후보의 남북한 화해 정책에 지지를 보냅니다. 당신은 공산주의자가 결코 아닙니다. 한국 독재 정권을 똑똑히 지켜보고 있으니 귀국 후에도 안심하고 선거에 모든 힘을 바치길 바랍니다. 당신이 대통령에 당선되면 미국이 지지하도록 힘쓰겠습니다."

김대중은 케네디 상원 의원의 정의감이 묻어나는 격려에 큰 힘을 얻었다. 케네디 상원 의원은 미국의 35대 대통령 존 F. 케네디 대통령의 동생이다. 존 F. 케네디도 마흔세 살에 40대 기수론을 주장하며 대통령 후보가 되었고 대통령이 되었다. 김대중은 그런 상징성 때문에 미국으로 향했다. 김대중은 독재 정권의 억압 정치를 늘 자신만의 외교력을 통해 대항하는 방식을 펼쳐 왔다.

그런데 케네디 상원 의원의 옆자리에 앉아 있던 외교 전문가 풀브라이트 상원 의원이 김대중에게 비꼬는 말을 했다.

"김대중 씨, 당신은 한국 같은 독재 국가에서 정권 교체가

가능하다고 봅니까?"

"뭐라고요?"

단단히 화가 치민 김대중은 풀브라이트 상원 의원을 응시하며 이렇게 말했다.

"당신의 조국 미국은 약 2백년 전 영국과 싸워 독립과 자유를 얻었습니다. 그때 미국인들은 반드시 이겨서 독립한다는 보장이 있어서 독립 전쟁을 시작했습니까? 자유를 얻어야 한다는 심정으로 총을 들고 일어선 게 아닙니까. 민주주의는 국민의 피와 눈물로 쟁취한 것이며 그 국민의 피로 민주주의라는 나무가 자란다고 미국 건국의 아버지인 토머스 제퍼슨이 말하지 않았습니까? 우리나라도 이런 노력을 해 나간다면, 제퍼슨의 말처럼 언젠가는 반드시 자유와 민주주의를 획득할 수 있을 것으로 생각합니다."

"……잘 알겠습니다."

매우 논리적인 김대중 앞에서 말문이 막힌 그는 한동안 말을 못하다가 짧게 대답했다. 자리에서 일어선 김대중은 다시 미국 주요 인사를 만난 후 숙소로 돌아왔다. 그런데 숙소를 찾아온 특파원들로부터 깜짝 놀랄 소식을 들었다. 서울 동교동 자택에 폭발물이 던져졌다는 것이다. 다행히 집에는 아무도 없어서 다친 사람이 없었다.

"이 사건으로 한국은 온통 시끄럽습니다."

"그래요?"

"국회에서 조사단을 꾸려 조사하고 있고 경찰도 조사하고 있습니다."

얼마 후 정부는 조사 결과 범인이 중학교 2학년이라고 발표했다.

"세상에……."

김대중은 피식 웃었다. 정말 이해할 수 없다는 표정이었다. 그로부터 얼마 후 김대중 대통령 후보 선거 대책 본부장인 정일형 박사 집이 불에 탄 사건이 발생했다. 정부는 화재 원인으로 고양이가 추워서 아궁이에서 불이 붙은 종이를 물고 나오다가 불이 났다고 발표했다.

"소가 웃을 일이네. 세계 토픽감이야."

김대중은 연이어 일어난 일에 쓴웃음을 지었다. 이 모든 일은 박정희 정권이 외국에서 대통령과 정부 정책을 비판하는 자신에게 '빨리 귀국하라'는 협박의 의미를 담았다는 사실을 잘 알고 있었다.

김대중은 한국에서 벌어진 일에 개의치 않고 워싱턴 일정을 모두 소화했다. 그리고 귀국길에 일본을 들렀다. 김대중은 일본 언론인, 야당 국회 의원들을 만난 자리에서 이렇게 말했다.

이번 대통령 선거는 독재와 민주주의의 투쟁이며 나는 반드시 승리할 것입니다. 일본은 이번 선거에서 독재 정권을 지지하지 마십시오. 독재자를 지지하는 일본에 한국인이 좋은 마음을 가질 리가 있겠습니까. 일본은 민주국가로서 깨끗하고 공정한 선거를 지지해 주십시오.

　김대중의 미국과 일본 방문은 대통령 후보인 자신을 알린다는 뜻도 있었지만 언론 자유가 보장된 나라에서 한국의 독재 정권의 잘못된 점을 낱낱이 알려 박정희 정권을 견제하고 경고한다는 것을 의미했다. 국내에서는 정부가 언론 보도를 마음대로 하지 못하도록 통제해 무슨 말을 해도 보도되지 않았다. 그래서 국민에게 제대로 알릴 수가 없었다. 한편으로는 한국도 머지않아 민주주의가 실현되고, 한국인의 민주주의에 대한 의지가 굳건하다는 것을 세계에 알리고 싶었다.
　미국과 일본 인사들이 김대중을 기꺼이 만나 주고 격려해 준 이유는 그가 대통령이 될 수 있을 것이라는 확신보다는 김대중을 통해 독재 정권을 견제하려 했다. 미국과 일본의 생각과 김대중의 이해관계가 절묘하게 맞아떨어진 것이다.
　김대중 귀국과 함께 그를 벼르고 있던 박 대통령과 본격적인 선거전이 시작됐다. 김대중은 박정희 정권의 협박에 굴하지 않고 자신의 생각을 당당하게 외쳤다.

"1인 독재에서 우리는 해방돼야 합니다. 나는 제2의 해방을 주장합니다."

"제2의 해방이라니……."

박정희 대통령은 버럭 화를 내며 독재 정권을 비판하는 김대중을 기필코 낙선시키고 말겠다고 마음먹었다. 그러나 김대중은 계속 자신의 신념을 굽히지 않고 국민에게 외쳤다.

"우리는 적극적인 평화 통일 정책을 펴야 합니다. 예속_{남의 지배나 지휘 아래 매임}된 외교가 아닌 우리나라 중심의 자유 실리 외교 정책을 펴야 합니다. 국제 무대로 나가 세계와 함께 발전하는 대한민국이어야 합니다. 힘 있는 기업만이 잘 사는 경제가 아니라 중소기업 중심의 대중 경제 정책을 펴야 합니다. 전라도, 강원도, 제주도 할 것 없이 지역이 골고루 개발되는 개발 정책을 펴야 합니다."

김대중은 하루에 연설을 10회 이상씩 했다. 매일 5백 킬로미터 이상을 이동하고 나면 자정이 넘었다. 잠잘 시간이 모자라서 차량으로 이동하는 사이에 잠깐 눈을 붙이는 토막잠을 잤다. 차 안에 소변 통을 싣고 다녔다. 연설에 신들린 사람처럼 사람들만 보면 김대중은 일사천리로 자신의 정책을 설명하며 대한민국이 하루빨리 세계 속의 강대국으로 일류 국가가 돼야 한다고 강조했다.

선거가 무르익으면서 여당 선거 전략은 김대중처럼 정책 경쟁이 아닌 지역 간 대립과 사상 문제로 둔갑했다.

"통일을 이야기하는 공산주의자가 대통령이 되면 우리나라는 공산 국가가 됩니다!"

"전라도 출신이 대통령이 되면 경상도 출신 공무원과 회사원이 모두 쫓겨납니다!"

"김대중이 대통령이 되면 전라도만 개발하고 다른 지역은 발전하지 못합니다!"

여당은 가는 곳마다 지극히 악의적이고 지역 갈등을 부추기는 말을 쏟아 냈다. 그러나 젊은 김대중 후보가 가는 곳마다 1백만 명이 넘는 시민이 몰려들었다. 김대중의 연설은 늘 새로운 아이디어와 신선한 말로 군중의 눈길을 끌었다.

"김대중이 가는 곳마다 사람들이 몰립니다. 무슨 대책을 세워야 합니다!"

여당 선거 책임자와 청와대에는 "이대로 가면 김대중을 이길 수 없다"는 보고가 이어졌다. 김대중 연설회장에 사람들이 많이 몰리자 여당은 야당 연설 지역 공무원과 공공 기관 직원들을 모두 가족과 함께 야유회를 가도록 지시해 지역에 아예 사람들이 없게 하였다. 또 시내 극장을 무료로 개방해서 주민이 연설회장으로 가지 않고 공짜 영화를 보러 가도록 유인했다. 그리고 여당 지지자들은 버스를 대절해서 태우고 다니며 연설회장으로 이동했다. 그래서 주민 사이에서는 유행어가 생겼다. "여당 지지자는 버스 타고 다니고 야당 지지자는 걸어 다닌다"는 것이다.

마침내 투표가 시작됐다. 여당은 대놓고 불법 선거를 했다. 특히 경상도 농촌에서는 김대중을 지원하는 참관인들을 협박했다. 동네 이장은 마을 회관 마이크를 통해, 그리고 여당 지지자들은 차량에 단 스피커를 통해 이렇게 소리쳤다.

"이번 싸움은 전라도와 경상도 싸움이다!"

"김대중이 당선되면 경상도 사람들 다 굶어 죽는다!"

선거 결과 박정희 후보 634만 표, 김대중 후보 540만 표였다. 김대중은 94만 7천 표로 패배했다. 그러나 당시 김대중 후보로서는 대단히 많은 표를 얻은 것이었다.

대통령 선거 후 29일이 흘러 제8대 국회 의원 선거가 있었다. 박 대통령은 3선 개헌을 시도하고 있었고, 야당은 박 대통령의 개헌 저지선 69명의 의석을 확보해야만 하는 매우 중요한 선거였다. 김대중은 대통령 선거에 패배했지만 선거 운동 지역마다 명연설로 사람들을 끌어모았다.

"김대중 선생님, 제 연설회장에서 딱 1분만 말씀 좀 해 주시겠습니까?"

경상도에서 어떤 후보는 김대중 차량 앞에 드러누워 자기 출마 지역 연설회장에서 연설해 달라고 애원했다.

"나를 협박하는군."

김대중은 살며시 미소를 지었다.

"내가 졌네, 자네에게!"

김대중은 엄포 아닌 엄포에 연설을 해 주었다. 그런데 차량이 이동할 때마다 이런 호소를 하는 후보들이 늘어났다. 결국 김대중은 중간마다 예정에 없던 즉석연설을 하면서 경상도 유세 일정을 끝내고 목포로 향했다. 목포에서 비행기를 타고 서울로 가서 연설할 예정이었다. 그러나 비가 너무 많이 내려서 목포 공항에서 비행기가 뜨지 않자 다시 광주 비행장으로 향했다.

목포 위에 있는 무안 지역을 지날 무렵이었다. 갑자기 14톤 대형 트럭이 반대편에서 달려오고 있었다. 대형 트럭은 김대중이 타고 있던 승용차를 향해 매우 빠르게 돌진했다.

'아, 부딪히는구나. 이렇게 죽는구나. 모든 게 끝났다.'

김대중은 한숨을 내쉬며 눈을 감아 버렸다. 불의의 사고로 이렇게 죽는다는 생각이 들었다.

"쿵, 쿵쿵."

김대중이 탄 차가 트럭과 부딪히며 크게 흔들렸다. 실눈을 뜬 순간, 트럭에 부딪혀 파손된 채로 공중에 붕 떴다가 논바닥으로 떨어졌다.

"쿵, 퍽, 끼이익."

이번에는 김대중이 탄 차량을 뒤따라오던 바로 뒤 택시가 트럭과 정면충돌해 장난감처럼 찌그러졌다. 세 명이 타고 있

었는데 그 자리에서 모두 숨졌다. 논바닥에 떨어진 차량 안의 김대중은 양손에 정맥이 끊어져 피로 범벅됐다. 김대중이 두 번째 맞은 죽을 고비였다. 공산주의자로 잡혀가 처형될 뻔했던 김대중의 첫 번째 죽을 고비에 이은 사건이었다. 김대중은 이후 세 번째, 네 번째, 다섯 번째까지 독재 정권의 무자비한 음모 때문에 죽음의 문턱까지 갔지만 살아남았다.

김대중은 중요한 선거를 앞둔 상황이어서 가까운 병원에서 응급 치료만 받은 뒤 다시 마지막 유세장인 서울로 향했다. 김대중은 영등포역 광장에서 손에 붕대를 감은 채 마지막 유세를 했다.

"악은 자신이 보기에도 흉한 것입니다. 그러기에 악은 가면을 쓴 것입니다. 남의 눈에 눈물 내면 제 눈에서는 피가 난다는 우리나라 속담이 있습니다. 악을 벌주지 않으면 또다시 악을 부른다는 독일 속담도 있습니다. 이 김대중이 죽지 않고 살아왔습니다. 양심은 우리가 지니고 있는 것 중 유일하게 돈으로 팔고 살 수 없습니다. 저는 여러분의 양심을 믿으며, 여러분의 양심이 민주주의의 씨앗이며 등불이라고 확신합니다."

군중은 붕대를 동여맨 김대중을 안타까운 마음으로 바라보며 "김대중! 김대중!"을 외쳤다. 그날 마지막 유세장에서 보여준 김대중의 당당함과 중상을 입은 그에 대한 동정표가 많았던 탓일까. 투표 결과, 김대중이 이끄는 야당은 목표했던 65석보다 많은 85석을 얻었다. 김대중과 야당이 있는 힘을 다해 싸워 이긴 아주 좋은 성적이었다.

　선거 후 야당은 새로운 총재를 선출하기 위한 문제로 분주했다. 그러나 김대중은 그동안 대통령 선거, 국회 의원 선거를 치르면서 피로가 쌓였고 대형 트럭에 의한 교통사고 후유증으로 6개월 이상 병상에 누워 지내야 했다. 손목 정맥만 끊긴 줄 알았던 교통사고는 몸무게를 지탱해 주는 중요한 뼈대인 엉덩이 관절 장애로 이어졌다. 그 후 그는 대통령이 되어서도 지팡이를 짚고 다녔고 마지막에는 휠체어에 몸을 의지했다.

네 번째 계단

어릴 적부터 쌓은 풍부한 독서와 지도력은 김대중이 꿈에 그리던 국회 의원에 당선되면서 그 진가를 발휘했다. 전쟁이 끝난 지 얼마 되지 않아 조금이라도 미래 지향적인 발언을 하면 공산주의자와 용공으로 몰렸던 시기에 김대중은 논리 정연하게 정책 대안을 제시하며 '민주주의', '남북통일', '세계 일류 국가'를 강조했다.

약소국 대한민국 야당 후보였지만 미국의 케네디 상원 의원을 만나 한국도 민주주의가 꽃필 수 있다고 설득하고 그러기 위해서는 정의롭지 못한 독재 정권을 지지해서는 안 된다고 설명했다. 언론 자유가 없는 한국 상황에서 좌절하지 않고 언론 자유가 보장된 미국과 일본으로 직접 건너가 기자와 유명 인사들에게 이를 알리고 도움을 요청하는 지혜로운 지도력을 발휘하며 아시아를 대표하는 국제적인 인물로 성장하기 시작했다.

미국 풀브라이트 상원 의원이 "한국 같은 독재 국가에서 정권 교체가 가능하다고 보느냐"라고 비아냥거리자 미국 역사를 조목조목 되짚어 설명하고 미국 대통령 토머스 제퍼슨 말을 인용하며 "한국인도 피와 눈물을 흘린다면, 반드시 자유와 민주주의를 이룰 것"이라고 반박해 끝내 고개를 떨구게 했다.

군사 정권은 김대중 자택 폭탄 사건, 김대중 후보 선거 책임자 집에 불을 지르고, 덤프트럭으로 차량을 뒤엎는 사건 등으로 김대중을 협박했지만 그는 한결같이 독재 정치 중단과 민주주의를 외치며 한길을 뚜벅뚜벅 걸었다. 불의의 사고로 짚고 다녀야 했던 지팡이는 '삶의 어두운 길을 인도하는 양심의 지팡이'로 '김대중 민주주의 상징'이 되었다.

망명·납치·연금의 긴 터널

김대중이 마흔여덟 살이 되던 봄, 어머니가 돌아가셨다. 오늘의 김대중이 있기까지 가장 큰 버팀목이 사라진 것이다. 어머니가 아니었더라면 김대중은 평생 외딴 섬에 남아 자랐을지도 모른다. 큰 정치인이 되는 길을 위해 묵묵히 뒷바라지했지만 김대중은 낙선의 연속이었고 야당 대통령 후보가 되었지만 역시 실패했다. 다행스러운 것은 어머니 장례식장에는 부총리가 오고 여야 유명 정치인 행렬이 이어져 그나마 위안이 되었다.

장례식이 끝나고 정국은 다시 어둠의 터널로 빠져들었다. 박정희 정권의 야당 옥죄기가 더욱 심해졌다. 박정희 정권은 국가 비상계엄령을 선포했다. 비상계엄은 전쟁이 일어나거나 전쟁만큼 국가가 위급할 때 군병력으로 국가를 지키도록 헌법에 정해진 것이다. 대통령 중심제에서 계엄 선포권은 대통령의 고유 권한이다. 그러나 박정희 정권은 늘 정부에게 국민 불만이 높아지고 야당이 유리한 입장이 된다고 생각하면 이를 악용해 왔다. 이번에도 박정희 정권은 국회마저 해산했다. 그래서 김대중의 모든 정치 활동도 중지됐다. 박정희 정권은 국민 뜻과는 상관없이 헌법도 고쳤다. 세 번 이상 대통령이 되는 것을 금지한다는 헌법 조항을 없애버렸다. 박정희 대통령이 네 번째 대통령을 할 수 있도록 고친 것이다. 선거도 국민이 직접 대통령을 뽑는 직접 선거에서 간접 선거로 고쳤다. 그리고 박정희 대통령 체제의 여당을 지지하는 사람들로 만든 통일 주체 국민 회의라는 선거인단을 만들어 대통령을 뽑도록 했다.

김대중은 언론의 자유가 없어 말도 제대로 못 했고 집 밖으로 나갈 수도 없는 가택 연금신체의 자유를 허락하나 외부와의 연락을 금하고 일정한 곳에 가둠을 당했다.

"아예, 나의 손발을 묶어 두겠다는 것이구먼!"

김대중은 이를 어떻게 헤쳐 나갈 것인지 깊은 생각에 잠겼다. 결론은 망명이었다. 망명은 정치적인 이유로 자기 나라에서 위협을 받는 사람이 외국으로 떠나는 것을 말한다. 주로 전쟁이나 혁명, 쿠데타 등이 발생할 때 많이 생긴다. 김대중은 망명을 가면서 자신의 뜻을 이렇게 밝혔다.

"박 대통령의 행위는 세계 여론의 준엄한 비판을 받을 것입니다. 동시에 민주주의와 자유를 열망하면서 이승만 정권을 타도한 위대한 우리 국민의 손에 의해 반드시 실패할 것입니다. 저는 그런 국민을 믿으며, 우리 국민은 반드시 승리할 것임을 확신합니다."

그리고 김대중은 홀연히 조국을 떠났다. 망명을 선택한 이유는 간단했다. 말하는 것이 자유로운 미국에서 재미 교포들에게 한국 상황을 바로 알리고 외부로부터 차근차근 독재 정권을 압박하며, 독재 정치를 민주주의로 되돌려 가는 국민 운동을 펼쳐나가겠다는 것이다. 힘 있는 미국 정부 인사를 만나 한국 상황을 보다 잘 이해시켜 박정희 정권에 압력을 넣겠다는 것이다.

모름지기 국가는 홀로 설 수 없고, 모든 국가는 이웃처럼 세계 속에서 공동체로 움직이며, 물건을 팔거나 필요한 물건을 수입하기 위해서는 외교를 잘해야 하는데 그러기 위해서는 반드시 상대 나라로부터 신뢰를 얻고 인정을 받아야 했다. 하지만 그러지 못한 박정희 정권은 어느 국가를 막론하고 고립되어 우리나라는 후진국으로 머물 수밖에 없었다.

그러나 김대중이 망명한 후 미국 상황도 좋지 않았다. 닉슨 대통령의 워디게이트 시건으로 나라가 온통 떠들썩했다. 워터게이트 사건이란 닉슨 행정부가 베트남 전쟁을 반대하는 야당을 감시하기 위해 민주당 의원들이 드나드는 워터게이트 호텔 문에 몰래 도청기를 붙여 놓은 사실이 드러난 것이다. 민주주

의의 대국으로 일컫는 미국이기에 미국 국민에게는 충격적인 사건이었다. 결국 닉슨 대통령은 하원 탄핵안이 통과되어 미국 역사상 최초이자 유일하게 임기 중에 물러났다.

김대중과 함께 땅에 떨어진 한국의 민주주의와 탄압받는 인권 상황을 바로잡아 나가려던 미국 정부도 한국에 관심을 둘 여유가 사라졌다.

"이걸 어떻게 돌파해야 한담……."

진퇴양난에 처한 김대중이 생각해 낸 것은 교포를 상대로 한국인 모임을 만드는 것이었다. 교포들과 강연을 하고 서로 머리를 맞대며 민주화 운동을 펼쳐 나가겠다는 것이다. 미국에는 워싱턴, 뉴욕, 시애틀, 샌프란시스코, 로스앤젤레스, 댈러스 등에 17만 명의 교포가 살고 있었다. 이 지역을 대상으로 민주주의 특강을 시작했다. 강연장에는 많게는 1천 명, 적게는 1백여 명에 이르는 교민이 뜻을 함께했다. 그러나 중앙정보부 요원들이 데리고 온 건장한 청년들이 들이닥쳐 강연장에서 날달걀과 케첩을 던지는 등 온갖 훼방을 놓았다. 이런 일은 자유와 민주주의를 신봉하고 언론 자유와 집회의 자유가 보장된 미국에서 용서할 수 없는 일이었다. 그래서 미국 정부는 한국 정부에 미국 안에서 인권 침해를 즉각 중단하라고 강력히 항의하기도 했다.

한국인 모임은 커다란 반향을 불러일으켰다. 미국 언론의 관심도 컸다. 이 모임은 얼마 후 공식 모임으로 탄생했다. 모임 이름은 '한국 민주 회복 통일 촉진 국민 회의', 줄여서 '한민통'이라 불렀다. 한민통 회의에서 김대중은 앞으로의 활동 원칙을 밝혔다.

"국외에서 하는 활동인 만큼 확실한 활동 기준이 필요합니다. 우리의 말과 행동은 대한민국을 대표합니다. 첫째, 대한민국은 독재 국가지만 우리의 조국입니다. 그래서 우리는 대한민국을 지지합니다. 둘째, 가장 먼저 민주주의를 본래 상태로 되돌리고 난 뒤에 나중에 통일을 말하는 것입니다."

김대중이 '통일'이라는 단어를 꺼낼 때마다 용공, 공산주의자라고 비난하던 군사 정권도 김대중 망명 시기에 맞춰 통일 정책을 발표했다. 그러자 교민 사이에서는 여러 의견이 쏟아져 나왔다.

"김대중 선생님, 우리도 활동 방향에 통일을 먼저 앞세우죠?"

"선생님, 이참에 망명 정부를 만들죠?"

"큰일 낼 사람들이네?"

김대중은 서둘러 입장을 정하기로 했다.

"엄연히 대한민국이라는 국가가 존재하는데 망명 정부를 만들자는 발언을 해서는 안 됩니다. 혼란스러운 발언은 취소해 주세요."

"네, 선생님. 저희 생각이 짧았습니다. 취소하겠습니다."

"정말 죄송합니다, 선생님. 앞으로는 말을 아껴서 하겠습니다."

"그래요. 말이 짧을수록 오해와 분쟁도 적어지는 법이죠. 항상 신중한 태도로 말하고, 경쟁 관계에서는 더욱 조심해서 말해야 해요. 인생을 살다 보면 한마디 더 말할 시간은 있어도, 그 말 한마디를 취소할 시간은 쉽게 오지 않는 법이랍니다. 아무리 사소한 말도 가장 중요한 말을 하는 것처럼 해야 한다고 생각해요."

많은 참석자가 김대중의 발언에 고개를 끄덕이며 침묵했다. 생각이 너무 짧았다는 후회와 미안해하는 모습이 역력했다. 늘 생각이 깊고 치밀하게 계획을 세워 실행에 옮기는 김대중이기에 다시 한 번 교민들에게 꼭 기억할 부분을 신신당부했다.

"여러분, 저 김대중은 대한민국을 지지하고 박정희 정권의 독재에 반대합니다. 박정희 정권은 통일 의지가 있는 것이 아니라 통일을 앞세워 민주주의를 짓밟고 있습니다. 우리 이 점을 절대 잊지 맙시다!"

참석자들은 박수를 보내면서 김대중에게 화답했고 김대중은 교민들에게 오른손의 주먹을 불끈 쥐면서 "비록 지금은 힘들지만 우리가 걷는 민주주의가 꼭 승리할 것입니다"라고 외쳤다. 한민통 본부가 미국에서 발족한 이후 김대중이 저술

한 책 《독재와 나의 투쟁》이 일본에서 출간될 예정이었다. 김대중은 이참에 교통사고로 다친 다리를 치료하고 책 교정도 볼 겸 일본으로 건너가 한민통 일본 지부까지 결성하기로 했다. 일본 외무성은 대한민국 민주 투사 김대중의 일본 방문을 환영한다면서 비자 없이 체류할 수 있도록 도와주었다.

그런데 김대중이 일본 공항에 내리자 분위기가 어두웠다. 마중 나온 지인들은 김대중 귀에 대고 귓속말로 말했다.

"선생님, 무언가 불길합니다. 박정희 정권이 일본 야쿠자_{일본 조직폭력배}와 연계해 음모를 꾸미고 있는 것 같습니다."

"음모요?"

"예, 선생님. 제가 잘 아는 일본인에게 들은 정보입니다."

"미국에서도 큰 사고 없었잖아요. 일본도 경찰의 치안 능력이 대단하다고 들었어요. 너무 걱정하지 마세요!"

김대중은 공항에서 바로 일본 지인의 아파트로 가서 며칠간 머물렀다. 그러던 어느 날 외출을 하려는데 아파트 뒤쪽 인도 위에 개인택시가 반쯤 올라와 있었다. 관리실에 인터폰으로 연락했다.

"여보세요, 관리실이죠?"

"예, 그렇습니다만……."

"아파트 뒤쪽에 세워진 택시의 기사가 여기 주민인가요?"

"아뇨. 오래전부터 거기에 세워져 있어 알아보려는 참이었습니다."

빈 택시 저편 담배 가게 앞에 있는 어떤 남자가 김대중이 머무는 쪽을 계속 째려보면서 어디론가 전화를 걸고 있었다. 김대중의 지인들은 아무래도 불안한 듯 말했다.

"어디선가 선생님을 감시하고 있는 것 같습니다. 조심하는 게 좋겠습니다."

김대중이 외출하자 택시는 김대중을 따라다녔다. 김대중 지인들은 심상치 않은 상황이라는 점을 눈치채고 비서와 경호원의 수를 늘렸다.

"선생님! 앞으로는 아파트를 잠시 나가실 때, 가까운 커피숍에 가실 때도, 누구를 만나러 가실 때는 반드시 저희 비서와 경호원과 함께 가 주세요!"

김대중은 살며시 웃으면서 말했다.

"동지들이 저에게 무슨 말을 하는지 잘 알아요. 그러나 나를 만나러 온 사람 입장도 생각해야 하지 않겠어요? 나를 만나는 사람이 내 옆에 비서들이 있으면, 진심으로 자신을 대하지 않는다고 섭섭해할 수도 있어요."

그래서 김대중은 비서와 경호원의 동행을 사양하면서 덧붙여 말했다.

"나는 조국의 민주주의를 되찾기 위해 목숨을 하늘에 맡겨 놓은 상태입니다. 미국은 케네디 대통령을 백악관 경호원들이 따라붙어 경호했어도 암살을 피하지 못했어요. 당하려면 어떻게든 당해요."

살얼음판을 걷듯 일본에서 망명 생활을 하던 김대중은 조국을 떠나 지낸 정치 지도자로서, 가정을 지키지 못한 가장으로서 늘 외롭고 쓸쓸했다. 밖으로 드러낼 수 없는 그 속내를 김대중은 '망향 일기'라는 일기장에 글로 썼다. 그때 김대중은 무슨 생각을 하고 있었을까.

'장남 홍일로부터 갑자기 결혼식을 올리겠다는 소식을 받았다. 왜 그렇게 서둘렀을까? 며느리 이름도 모르는데, 마음이 너무 착잡하다.'

그리고 얼마 후 큰아들 결혼식 날이 다가오자 마음이 더욱 착잡했는지 망명객인 아버지는 다시 이런 글을 남겼다.

'전화로 아들과 며느리와 몇 마디 나눌 수 있었다. 미안하다 아들아, 얼굴도 모르는 나의 며느리……'

너무 서럽고 미안해서 짧게 썼을 것만 같은 그 망향 일기는 정치적 경쟁자인 박정희 대통령에 대해서도 적어 놓고 있었다.

'나 김대중은 박정희 대통령 개인에 대해서는 아무 원망이 없다. 도리어 박 대통령의 장래가 걱정된다. 솔직한 심정이다. 권력 때문에 그를 불행하게 하고 싶지는 않다.'

이 시기에 게이오 대학 가미야 후지 교수는 요코하마 자택에서 김대중에게 일본에서 출간된 《독재와 나의 투쟁》이라는 책을 보내준 데 대한 감사의 편지를 쓰고 있었다. 가미야 교수는 김대중이 마흔셋의 국회 의원 시절부터 친하게 지낸 일본 학자다. 가미야 교수는 김대중에게 한번 만나서 더 자세한 이야기를 나누고 싶다면서 짧은 편지를 보내왔다.

최근 김대중 씨 활동을 걱정하고 있습니다. 박정희 정권의 독재 반대 투쟁을 아주 정열적으로 하는 것을 잘 알고 있지만, 외국에서 이렇게 하는 것을 한국인의 감정에서 생각하면 어떤 느낌일까 생각했습니다. 당연히 이것은 박정희 정권의 반발을 일으켜서 위험해질 것입니다. 오랫동안 우정을 나눈 친구로서 말합니다. 반독재 투쟁도 이제는 너무 강하게 하지 않는 편이 나을 것으로 생각합니다.

김대중이 곧 위험에 처하리라는 것을 암시하는 편지였다. 1973년, 마흔아홉이던 8월. 김대중은 비서와 경호원 없이 택시를 타고 팔레스 호텔로 향했다. 양일동 야당 총재와 김경인 국회 의원을 이 호텔 2211호에서 만나기 위해서였다. 호텔에서 만나 한동안 대화를 나누던 김대중은 일본 자민당 의원과 선약이 있어 호텔 방을 나서려는 순간, 복도에서 대기하고 있던 괴한들이 김대중의 멱살을 끌고 옆방 2210호로 들어갔다. 이들은 중앙정보부 요원이었다. 오사카 영사 등 세 명의 외교관은 그동안 김대중 일정을 모두 파악해 이들에게 알렸던 것으로 나중에 밝혀졌다.

괴한들은 호텔 침대에 김대중을 내팽개치며 말했다.

"조용히 하지 않으면 죽여 버리겠다."

그러고는 김대중 입에 마취제를 적신 손수건으로 코를 틀어막았다. 김대중은 곧 의식을 잃었다. 양일동 총재 일행은 그들이 있는 옆방으로 들어가려고 애를 썼지만 출입문을 막아선 건장한 체격의 일행은 퉁명스럽게 말했다.

"금방 끝난다. 여기서 시끄럽게 굴면 한국인의 수치다."

그리고 가만있지 않으면 당신네도 혼쭐날 것이라며 겁을 주었다. 김대중은 다시 엘리베이터를 통해 지하 주차장으로 옮겨져 차량 뒷좌석 바닥에 실렸다. 김대중은 범인들의 다리에 꽉 눌려 머리를 바닥에 댄 채로 어디론가 실려 갔다. 중앙정보부는 일본 대낮 도심 한가운데 호텔에서 자기 나라 야당 지도자이자 대통령 후보를 이렇게 납치했다.

양일동 총재 일행과 김대중 비서는 큰일이 벌어졌음을 눈치채고 호텔 측과 일본 국회 의원에게 이를 알렸다. 일본 정부가 발칵 뒤집혔다. 국제적 인물이자 한국의 야당 대통령 후보였던 김대중이 자신의 나라에서 무슨 일이 생긴다는 사실 자체만으로 부끄러운 일이었다. 일본의 치안이 이렇게 허술하다면 다른 나라 정부 사람들이나 정치인들이 찾을 리가 없고 사업하는 사람들도 일본에 오는 것을 꺼릴 게 분명했다.

일본 경찰과 기자들이 찾아온 범행 현장에는 의약품 냄새가 진동했다. 크고 작은 배낭, 칼, 밧줄, 독일제 권총 탄창 한 통, 뿌리다 만 마취제, 김대중이 이용하던 파이프 한 개가 떨어져 있었다. 어지럽게 흔적들을 남겨 놓은 이유는 일본 폭력배가 사용하던 탄창과 범행 도구들을 통해 일본 경찰의 수사를 헷갈리게 하겠다는 노림수였다.

일본 경시청은 곧 긴급하게 조치를 내렸다. 김대중을 일본 밖으로 납치할 것을 대비해 공항과 항만을 중심으로 경계태세를 내렸다. 김대중 납치 사건은 NHK 뉴스 속보를 통해 처음으로 세상에 알려졌다. 그 시간에 김대중을 납치한 차량은 고속도로를 달리고 있었다. 안타깝게도 일본 정부는 고속도로 검문을 하지 않고 있었다.

범인들은 도쿄-오사카 구간 고속도로를 여섯 시간가량 달려 중앙정보부 일본 사무소이자 오사카 총영사관 숙소인 오카모토라는 빌딩에 도착했다. 범인들은 김대중을 묶었던 끈을 풀고 속옷만 빼고 모두 벗겼다. 신분증, 명함, 시계 등을 빼앗고 입과 코만 남기고 강력 테이프로 몸 전체를 동여맸다. 그때까지 한국에서는 박정희 정권의 보도 통제로 전혀 보도되지 못했다. 동교동 자택에서도 아무것도 모르고 있었다. 저녁 무렵 누군가가 아내 이희호에게 전화했다.

"여사님! 도쿄 호텔에서 김대중 선생이 행방불명되었습

니다."

"네에? 아무튼 누구신지 모르지만 알려주셔서 고맙습니다."

깜짝 놀란 아내 이희호는 일본 대사관에 문의했다. 그리고 외무부에 전화해서 이게 어찌 된 일이냐고 물었다. 하지만 저마다 모른다는 답변뿐이었다.

그 시간 김대중은 양손과 다리가 묶인 채로 해안가로 옮겨졌다. 파도 소리와 모터보트 소리가 요란한 것으로 미루어 바닷가임을 짐작했다. 모터보트가 바다 위를 세차게 달리는 순간 누군가 김대중의 머리에 보자기를 씌웠다. 김대중은 순간, 자신이 바다에 버려질 것으로 생각했다. 그리고 묶인 손가락으로 성호를 그으며 죽음을 기다렸다.

잠시 후, 김대중은 큰 배로 태워졌다. 섬에서 태어나고 젊었을 때 선박 회사 사장을 했던 그였기에 배가 흔들리지 않고 이동 거리가 긴 것으로 미루어 5백 톤급 규모의 선박이라고 생각했다. 나중에 알았지만 이 배는 536톤급 화물선이었고 중앙정보부가 사용하는 대북 공작선 용금호였다. 다시 그들은 김대중 입에 나무 조각을 물려 붕대를 둘러 묶었다. 오른팔과 왼쪽 손목에 40킬로그램의 추를 달았다. 그 작업을 하면서 그들도 말이 없고 김대중도 말이 없었다.

납치 내내 가슴 졸이며 기도하던 김대중도 그 순간은 기도할 생각이 나지 않았다. 죽음의 순간이 닥치면서 김대중도 사람인지라 마음이 크게 동요되었다. 김대중은 바다에 버려지더라도 살아날 수 있다는 한 가닥 희망을 그려 보았다.

'바다에 내동댕이쳐지면 몸에 달린 추를 스스로 풀어낼 수 있을까?'

'상어에게 하반신을 잡아먹히더라도 상반신만이라도 살 수 없을까?'

'인간이 전혀 생각지 못한 기적이 일어난다면 얼마나 좋을까?'

알 수 없는 두려움과 물에 빠져 지푸라기라도 잡고 싶은 마음이 수없이 교차했다.

배는 먼바다를 향하는지 엔진 돌아가는 소리가 더욱 커졌다. 그때 사람들이 일제히 외쳤다.

"비행기다!"

그들은 소리치며 갑판으로 뛰쳐나왔다. 이어 폭음 소리가 "쿵!" 하고 크게 울렸다. 배는 더욱 속력을 높여 내달렸다. 배가 30분 정도를 정신없이 달리더니 속도를 줄여 천천히 항해했다. 그리고 한 남자가 바닥에 나뒹구는 김대중에게 다가와 "김대중 선생님 아니십니까?"라고 물었다. 김대중은 고개를 끄덕였다.

"선생님, 저는 71년 대통령 선거 때 부산에서 선생님에게 투표했습니다. 선생님, 이제 살았습니다. 걱정하지 마십시오."

사내는 김대중 입에 물린 붕대를 풀어 주었다.

"지금 여기가 어딘가?"

"도쿠시마 근처의 바다입니다, 선생님."

"그럼 이 배는 곧 일본 항구 근처에 들를 것이네. 항구에 닿으면 자넨 바로 경찰서로 가 주게. 일본 경찰은 나를 도와

줄 것이네."

"네, 선생님. 그렇게 하겠습니다!"

바다에 버려질 위기의 김대중을 구한 비행기의 정체는 무엇이었을까? 미국 CIA 일본 책임자였던 그레그 전 주한 미국 대사가 납치 정보를 미리 알아내 일본 측에 비행기를 보내도록 요구했던 것이다. 미국과 일본의 합동 작전으로 김대중은 목숨을 건졌다. 이날 일본의 모든 신문은 1면 머리기사로 '김대중 납치되다'라고 크게 보도했다. 일본 전역에 알려진 사건이었으므로 박정희 정권도 처음 하루는 언론 보도를 막았지만 세계적으로 알려진 납치 사건을 더는 막지 못하고 보도하게 했다. 그러나 어떤 신문도 누가 납치했는지는 자세하게 보도하지 못했다. 납치 5일째 되던 날, 김대중은 동교동 자택 근처에 내려졌다. 중앙정보부 요원으로 보이는 한 사람은 "왜 선생은 외국에서 국가에 반대하는 투쟁을 벌이는 겁니까?"라고 물어 김대중과 한동안 논쟁을 벌였다. 김대중의 설명을 찬찬히 듣던 그는 논쟁에 밀린다고 생각했던지 "지금

저는 논쟁하자는 것이 아닙니다. 지금부터 선생을 자택 근처에 풀어 드릴 것입니다. 상부 명령입니다. 집으로 돌아가도 괜찮지만 차에서 내려서 소변을 보세요. 그 사이 붕대를 풀어서는 안 됩니다. 어떤 소리를 질러서도 안 됩니다."

김대중이 붕대를 풀어 보니 집 근처 주유소였다. 나중에 알았지만 대화한 사람은 중앙정보부 해외 공작 국장이었다. 밤 9시 30분. 달빛 고운 날 귀가하는 가장처럼 김대중은 초인종을 눌렀다.

"누구세요?"

순간 인터폰에 비치는 모습을 보고 가족과 비서들은 말문이 막혔다.

"야당 지도자, 대통령 후보 이전에 일반 사람으로 쳐도, 이런 몰골로 만들 수는 없어요!"

아내는 혀를 내둘렀다. 눈과 입이 붓고, 손목은 피멍이 들었다. 발목도 빨갛게 부어오르고 온몸이 밧줄에 묶인 상처로 긁히고 수염은 까칠하게 길었다. 어떤 수모를 겪고 돌아왔는지 누가 봐도 금방 알 수 있었다.

얼마 후 기자와 사진 기자들이 몰려 왔다. 애국 청년 구국 대원이란 남자가 언론사에 전화를 걸어 "김대중은 집으로 돌아갔다, 우리가 데리고 왔다. 김대중같이 외국에 가서 입을 함부로 놀려대는 놈은 앞으로도 가만두지 않겠다"면서 일방적으로 말하고 전화를 끊더라는 것이다.

돌이켜 보면 만감이 교차했다. 죽음의 수렁에서 벗어난 김대중은 얼굴을 감싸고 눈물을 흘렸다. 일본에서는 예정대로 일본 한민통 지부가 결성되었다. 3백여 명의 교포가 모여 김대중 사진을 걸어 두고 '김대중 사건 진상 규탄 대회'로 행사를 대신했다.

동교동으로 돌아온 김대중은 감옥 아닌 감옥 생활을 했다. 집은 경찰 기동대로 에워싸였고 골목마다 외부 사람의 접근이 금지됐다. 골목 입구에는 감시 초소가 몇 개씩 만들어졌다. 일본에서 야당 의원들이 김대중을 찾아왔지만 누구와도 만날 수 없었다. 중앙정보부 요원들이 거실에서 아예 제집처럼 자리를 잡고 김대중 집에서 근무한 것이다. 전화도 모두 끊기고, 딱 한 대만 사용하게 했다. 그것도 물론 중앙정보부 요원들이 도청하고 있었다.

김대중 연금 생활은 오랫동안 이어졌다. 집에 갇혀 지내는 하루하루가 정신적 고통을 줄 정도로 견디기 어려웠다. 갇혀 살던 쉰 살 때, 아버지가 돌아가셨다. 독재 정권은 아버지 문병마저 허락하지 않았다. 위독하다는 전갈이 몇 번씩 전해져도 허락할 수 없다는 것이었다. 고향 하의도에서 장례식이 치러질 때도 참석하지 못하게 했다. 자식의 마지막 의무인 임종마저 지켜볼 수 없었던 김대중은 온종일 눈물로 지냈다. 문병은커녕 임종도 못 지킨 불효자식이라는 죄책감이 천근만근의 무게로 김대중의 마음을 짓눌렀다.

다섯 번째 계단

망명 전에 어머니가 돌아가시고 망명 중 일본에서 괴한들에게 납치돼 죽을 고비를 넘겼다. 일본은 물론 세계적 뉴스였다.

죽을 고비에서 벗어나 자택으로 돌아왔으나 외출과 정치 활동이 금지되어 무려 14년 동안 연금 생활을 했다. 그 시기에 아버지가 세상을 떠났다. 독재 정권은 아버지가 위독해도 병문안은 물론 고향 하의도에서 장례식이 치러질 때도 가지 못하게 했다.

기나 긴 절망과 좌절의 시기에도 김대중은 스스로 마음을 조절했다. 죽음 앞에서도 절망보다는 살아날 수 있는 희망을 머릿속에 그렸다. 결국 끝까지 포기하지 않는 김대중에게 '하늘은 스스로 돕는 자를 돕는다'는 사실을 확인시켜 주었다.

독재와 폭력은 상대를 굴복시킬 수는 있겠지만 상대를 순종하게 할 수는 없다. 포악한 정치의 무기는 오직 폭력 하나뿐이다. 그래서 독재와 폭력은 오래가지 못하고 자유와 민주주의에 굴복하게 된다. 독재 정권이 사람의 목숨까지 앗아갈 때 민주주의를 지향하는 우방국서로 좋은 관계를 맺고 있는 나라은 민주 지도자 김대중을 구출했다.

죽음과 맞바꾼 그 이름, 민주주의여

김대중은 경찰과 군인들에게 에워싸인 채 집 밖으로 한 걸음도 나갈 수가 없었다. 그래서 김대중과 뜻을 함께하며 그를 지지하는 정치인들이 모여, 간접적으로 김대중의 생각을 외부에 알렸다. 당시 독재 정권에서 김대중에 대한 기사는 단 한 줄도 보도하지 못하도록 했기 때문에 기자들은 김대중에 관한 기사를 쓸 때 '동교동', '재야인사_{공직에 나아가지 않고 민간에 있으면서 활동하는 사람}'라는 단어를 사용했다. 사람들은 그것이 바로 야당 지도자 김대중임을 알아차렸다.

심부름하는 사람들 역시 철저하게 중앙정보부 요원이나 경찰에 의해 미행당했다. 집 안에 있는 김대중과 가족 그리고 비서들과 소식을 주고받기 위해서는 새벽이나 밤늦게 경비가 소홀한 틈을 이용했다.

"휘이익, 휙!"

휘파람 소리가 들리자, 담장 안과 밖에 있는 사람들은 감시하는 경찰과 군인 몰래 서로 소식을 전했다. 휘파람 소리가 지나고 나면 담장 안에 있는 가족과 비서들은 마당에서 산책하는 시늉을 했다. 그럴 때면 담장 아래 화단에는 손수건이나 휴지에 감긴 것이 떨어져 있었다. 수시로 군인과 경찰이 갑자기 들어와 김대중 서재와 거실에 있는 서류 뭉치를 뒤적이며 밤새 무엇인가를 꾸미지 않았는지 점검했다.

어느 날 갑자기 김대중은 비서들에게 말했다.

"자, 오늘은 모두 꽃을 심읍시다."

비서들은 매일 집에 갇혀 지내는 김대중이 따분해서 그런가 보다라고 생각했다. 경비원들도 마당으로 따라나와 김대

중과 비서들의 움직임을 감시했다. 김대중과 비서들은 삽질하고 나무 심기를 반복했다. 그런데 비서들은 이상한 느낌이 들었다. 힘들게 삽질을 해서 심은 나무는 다시 캐서 반대로 옮겨 심고, 다시 옮겨 심고 나면 다른 쪽으로 바꿔 심으라는 것이다.

그렇게 아침부터 꽃과 나무를 심던 김대중과 비서들은 점심을 먹고 오후에 또다시 삽질하기를 반복했다. 종일 나무를 심고, 물 뿌리기를 반복했다. 경비원들도 너무 피곤한 나머지 감시가 느슨해졌다. 가족과 비서들은 나중에서야 김대중이 왜 그랬는지 알게 되었다. 매일 거실에서 감시하는 중앙정보부 요원들이 언제 중요한 문서를 발견할지 모를 일이었다. 그래서 몰래 가지고 나온 문서는 화단 나무 아래 깊숙이 파묻었다. 집 안과 멀리 다른 집 옥상에서 김대중을 감시했던 경비초소의 눈길을 따돌리기 위해 종일 꽃과 나무를 심는 것처럼 보이도록 해서 감쪽같이 비밀문서를 숨겨둔 것이다.

1976년 삼일절 행사에서 최규하 국무총리는 박정희 대통령을 대신하여 기념사를 읽었다. 그런데 기념사 중에 "유신 체제 정신은 3·1 운동 정신과 같다"라는 표현이 있었다.

"이럴 수가…… 독재 정권과 3·1 운동이 어떻게 같다는 말인가! 염치가 없어도 유분수지."

김대중은 화가 머리끝까지 치밀었다. 전화가 도청되든 말든, 아니 오히려 정보원이 김대중의 이야기를 다 듣고 박 대통령에게 보고하길 바라면서 누군가에게 전화를 걸어 큰소리로 자신의 생각을 말했다.

김대중의 생각을 알게 된 지식인들은 '유신 헌법 개정 1백만인 서명 운동'을 펼쳤다. 김대중은 여러 방법을 통해 대학 교수와 야당 국회 의원들과 함께 민주주의를 되찾으려는 방법을 의논했다. 이대로 주저앉을 수는 없는 일이었다. 마침내 한국 기독교 지도자인 함석헌 선생, 윤보선 전 대통령, 신민당 정일형 국회 의원, 이태영 박사 등 많은 지식인의 서명으로 참여한 '민주 구국 선언'이라는 성명서 정치적·사회적 단체나 책임자가 일정한 사항에 대한 방침이나 견해를 공개 발표하는 글가 1976년 발표됐다.

김대중은 정치인으로서 국민에게 활기를 주고 희망을 주기 위해 노력했다. 당시에 성명을 발표하는 것은 법을 어기는 것이었다. 이 사건은 일본에서 크게 보도됐지만 한국에서는 정부가 언론을 통제해 전혀 보도되지 않았다.

정부는 예상대로 김대중을 바로 구속했다. 제1심에서 징역 8년 판결을 받았다. 김대중은 법정에서 이렇게 최후 진술을 했다.

"저는 저의 양심, 제가 믿는 하느님의 말씀에 따라 억압당하고 학대받는 국민을 위해 저의 일생을 바치기로 맹세합니다. 정치적 자유, 경제적 평등, 사회적 정의는 저의 기본적 신념입니다. 여기 두 아들이 방청석에 왔습니다. 그들에게 부끄러운 아버지가 되고 싶지 않습니다. 우리 자손에게 매도당하는 조상이 되고 싶지 않습니다. 그 때문에 국민을 위해 일생을 바치고 싶습니다."

김대중은 두 평 남짓한 독방에 갇혔다. 유세 도중 정체불명의 덤프트럭에 치인 관절 통증이 더욱 아려 왔다.

다시 쓸쓸하고 울적해지면 김대중은 아내와 아들에게 편지를 썼다. 나중에 이 편지들은 《김대중 옥중서신》이란 책으로 나왔다. 감옥에서 쓴 편지라고 해서 붙여진 이름이다. 외롭고 쓸쓸한 공간에서 긴 시간을 보내게 된 탓인지 특히 신앙에 관한 글이 많았다.

그러던 1978년 7월 6일 박정희 대통령은 단독 후보로 나와서 99.9퍼센트의 말도 안 되는 득표율로 제9대 대통령에 취임했다. 그리고 김대중은 1978년 12월 27일, 구속된 지 2년 9개월 만에 풀려났다.

그리고 1979년 10월 26일 박 대통령이 김재규 중앙정보부장이 쏜 총에 사망하는 사건이 발생했다. 박 대통령의 18년 장기 집권이 끝나는 순간이었다. 하지만 김대중은 이 사건에 대해 미국 뉴스위크와의 인터뷰에서 이렇게 말했다.

"암살로 얻은 민주주의는 진정한 의미의 민주주의가 아닙니다. 국민의 손으로 독재 정권에 마침표를 찍지 못하고 군인의 총탄으로 이루어지면 우리 국민은 더 긴 세월 동안 다시 고통을 겪어야 합니다. 그런 후에야 민주 정부를 만들 수 있습니다."

김대중의 걱정은 사실로 드러났다. 곧바로 민주 정부가 들어서지 못하고 다시 전두환 독재 정권이 들어섰다. 박정희가 신임하는 부하 장군인 전두환은 보안 사령관을 맡아 군·경찰·중앙정보부를 포함한 국가의 모든 수사 기관을 지휘한 합동 수사본부장이 되었다. 1980년 서울에도 봄이 왔다. 그해 봄을 '서울의 봄'이라고 부르는데 많은 국민이 박정희 대통령의 죽음으로 이제부터는 군인에 의한 독재 정치가 끝나고 민주화가 이루어질 것으로 기대했기 때문이다. 국민은 전두환이 군으로 돌아가고 민주 정부가 태어나는 일만 남았다고 생각했다. 대학가에서는 새 학기를 맞아 군사 정권에 반대하는 시위가 매일 계속되었다.

"계엄령을 해제하라!"

"유신 체제에 협력한 교수들은 즉각 물러나라!"

"대학 민주화를 이룩하자!"

곳곳에서 시위가 벌어지자 김대중은 대학생들에게 자제를 요청했다.

"대학생 여러분, 만약 시위로 여기저기서 시끄러워지면 민주주의를 방해하려고 마음먹은 세력에게 빌미를 주게 됩니다. 국민도 이제 더 이상은 세상이 혼란스러워지는 것을 원하지 않습니다. 국민이 걱정하고 있습니다."

시위하던 학생들은 그동안 독재 정권에 짓눌린 탓인지 온통 시내로 나와 정부의 정책에 반대하는 구호를 외치고 시위를 벌였다. 마침내 시위하는 대학생과 경찰이 충돌하기 시작했고 많은 사상자가 나왔다. 1980년 5월 15일 서울역 앞에는 학생과 시민 10만여 명이 몰려들었다. 김대중은 다시 한 번 대학생들에게 간곡히 말했다.

"민주 정부 수립을 위한 첫 번째 절차로 하루빨리 국회를 열어, 여야 국회 의원이 머리를 맞대고 국가 일정을 논의하고 전두환 계엄 사령부를 해체해야 합니다. 그리고 여러분은 이러한 민주적 절차가 이루어질 때까지 사회가 시끄러워지지 않도록 학교로 돌아가십시오!"

그러나 시위는 갈수록 커졌다. 김대중이 걱정하는 상황이 눈앞에서 펼쳐지기 시작했다. 전두환은 5월 17일 사회의 혼란을 막는다는 이유로 비상계엄령 해제는커녕 전국으로 확대한다고 선포했다. 그리고 김대중에게 학생들과 시민 데모를

조종했다는 죄를 뒤집어씌워 구속했다.

이런 광경을 지켜본 광주 시민은 대대적으로 저항했다. 고교생, 대학생, 시민 할 것 없이 거리로 뛰쳐나와 외쳤다.

"김대중을 석방하라!"

"비상계엄령을 해제하라!"

이것은 5·18 민주화 운동으로 이어졌다. 시민의 평화적 시위에서 군인의 가혹한 진압에 모든 시민이 시위에 참여하여 결사적 항쟁으로 발전했다.

전남 대학교와 조선 대학교에 갑자기 부대가 진입하여 도청을 비롯한 공공시설마다 배치되었다. 시내는 긴장감이 돌았다. 성난 시민 수십만 명이 도청에 모여 정부의 정책에 반대하는 구호를 외쳤다. 대학교수, 수녀, 승려 등 종교 지도자도 함께했다. 이런 모습은 4·19 혁명 이후 처음 벌어진 일이다.

결국 군인과 시민이 충돌했다. 순수한 시민의 외침을 폭도라고 보도하는 방송사를 불태우는 등 심각한 상황으로 번졌다. 폭도들이 간첩들과 함께 도둑질하고 건물을 불태우고 있다고 보도하는가 하면 시민이 총에 맞아 죽었다는 소문이 돌고 있다고 보도했다. 군인들은 탱크와 장갑차를 동원해 광주 시내로 들어가는 모든 길을 막았다. 광주 시민은 신문과 방송의 잘못된 뉴스 때문에 폭도라는 누명을 뒤집어썼다. 광주 시민과 학생들은 평화적으로 시위했음에도 계엄군과의 충돌로 총에 맞은 사망자는 207명에 이르렀다. 한국 현대사의 최대 비극이었다.

5·18 광주 민주화 운동이 일어난 지 3일째 되던 날, 합동 수사본부는 '김대중에 관한 중간 수사 결과'를 발표했다.

"김대중은 정상적인 방법으로 정권을 잡지 못하게 되자 시민을 선동해 혁명 사태를 일으켰다. 학원 소요 사건을 민중 봉기로 유도하고 발전시키도록 기도했다."

거짓 발표를 하는 시간에 김대중은 온갖 고문을 받아 녹초가 되어 있었다. 광주에서는 정녕 무슨 일이 벌어지는지 알지도 못했다.

"김 선생. 당신이 우리에게 협력한다면 대통령직 외 어떤 직책이라도 다 주겠소. 협조하시오. 그러나 협조하지 않으면 쥐도 새도 모르게 죽여 버리겠소. 결정할 기간은 딱 사흘 주겠소."

사흘 후 그 사내는 다시 김대중을 찾아왔다.

"결정했소?"

"나는 당신들에게 협력할 수 없소."

"당신 가족과 비서들이 무사할 수 없을 텐데도?"

"내가 죽을지언정 결심은 똑같소."

결국 군법 회의옛 군사 법원는 김대중에게 내란 음모, 내란 선동, 계엄령 위반, 국가 보안법 위반, 반공법 위반, 외국환 관리법 위반 등 일곱 가지 죄를 뒤집어씌워 사형을 선고했다.

김대중은 최후의 진술을 했다. 아내는 집에 갇혀 출입이 금지돼 남편의 마지막 모습도 지켜보지 못했다.

"제가 처형당한다는 것은 처음부터 각오하고 있었습니다. 마지막으로 유언을 남기고 싶습니다. 저의 판단으로는 머지않아 반드시 민주주의가 실현될 수 있을 것입니다. 저는 그것을 확실하게 믿습니다. 그때가 되거든 먼저 죽어간 저를 위해서든, 또 다른 누구를 위해서든 이 땅에서 다시는 정치 보복을 하지 않도록 부탁하고 싶습니다. 이것이야말로 저의 마지막 남은 소망이고 또 하느님의 이름으로 하는 마지막 유언입니다."

김대중의 최후 진술이 끝나자 방청석에 있던 사람들이 모두 일어나 눈물을 흘리며 "오오, 자유여……"로 시작하는 〈민권의 노래〉를 합창했다. 그리고 다시 소리 높여 외쳤다.

"민주주의 만세! 김대중 만세!"

그리고 그들은 모두 경비원들에게 이끌려 쫓겨났다. 법정에는 미국 대사관 직원이 지켜보고 있다가 마지막으로 김대중에게 손으로 가슴에 십자가를 그어 주었다.

김대중 사형 판결은 전 세계에 충격을 던져 주었다. 미국과 유럽의 여러 국가는 한국 정부를 강하게 비난했다. 미국 하원 의원 아홉 명은 전두환 정권에 편지를 보냈다. 만약 민주 지도자 김대중이 죽으면 한국과 미국의 관계는 어려워질

것이라고 경고했다. 특히 야당 대통령 후보로 만난 적이 있던 에드워드 케네디 상원 의원은 "한국 정부가 미국의 경고를 무시한다면 주한 미국 대사를 불러들이고 미국 정부가 빌려 준 자금을 포함하여 모든 경제 원조를 끊을 것이다"라고 말했다.

서독통일 전 서부 독일 슈미트 수상도 한국 정부에 "김대중을 즉각 석방하라"고 요구했다. 일본은 자기 나라에서 납치 사건이 발생해 범인도 잡지 못하자 군사 정권과 서로 짰다는 의심을 받는 터라 더더욱 화가 나서 전두환 정권에 항의했다. 특히 스즈키 젠코 총리는 "김대중이 죽으면 한국에 대한 협력은 다시 생각할 것이다. 일본에서는 남한이 아닌 북한과 교류하라는 여론이 커질 것이다. 그런 일이 벌어질까 크게 걱정하고 있다"고 말했다.

세계 언론은 연일 김대중 사형 판결 뉴스를 크게 보도했다. 하지만 한국 언론은 보도 통제 때문에 침묵했다. 김대중은 억울한 사형 선고에 대해 한 가닥의 희망을 품고 다시 재판을 요청했다. 그러나 군법 회의는 합당하지 않다고 판단하여 다시 사형을 선고했다.

교도소 안에 갇힌 김대중은 교도관 발소리만 들어도 사형을 집행하러 오는 것 같아 늘 두려움에 떨었다. 그리고 이제는 마지막이라는 생각에 자신의 최후를 그려 보았다.

'교수형에 처할 때 기분은 어떨까?'

'목이 졸려오면 몇 분 정도 있다가 내 목숨이 끝날까?'

수 없이 생각하며 공포에 떨면서도 한 가닥 희망의 끈을 놓지 않았다. 교도소 밖에서는 지푸라기라도 잡는 심정으로 김대중의 아들, 며느리 그리고 비서들이 시멘트 바닥에 무릎을 꿇은 채 눈물을 흘리며 기도를 하고 있었다.

온갖 고난 앞에서도 희망의 끈을 쉽게 놓지 않았던 김대중은 다시 독서를 하며 마음의 평화를 얻었다. 그러면서 모든 기쁨과 슬픔은 자기 마음속에 있다는 것을 깨달았다.

'그래 마음이 밝으면 어두운 감옥에도 푸른 하늘이 있고, 마음이 어두우면 태양 아래에서도 도깨비가 나타나는 법이

야. 흐린 마음을 버리면 마음도 저절로 밝아지고 괴로움을 버리면 즐거움이 저절로 생겨.'

전두환은 김대중에게 사형 선고를 내린 지 이틀 후에 대통령의 임기를 7년으로 바꾸고 유신 헌법처럼 선거인단에 의해 대통령을 선출하는 간접 선거 방식을 그대로 유지하는 새 헌법을 발표하고 제5공화국 대통령이 되었다. 그러나 "김대중을 풀어 주라"는 세계 여러 나라의 압력은 갈수록 거세어졌다. 특히 미국 레이건 대통령은 주한 미국 대사를 통해 전두환 대통령에게 "김대중을 살리기만 한다면 한미 정상 회담을 열 수 있을 것이다"라는 말을 전했다. 전두환 대통령은 곧 임시 국무 회의를 열고 김대중의 형벌을 사형에서 무기 징역으로 줄였다. 이렇게 김대중은 생애 다섯 번째 죽을 고비를 넘겼다.

김대중은 다섯 번에 걸친 죽음의 문턱에서 두려움에 떨기도 했지만, 어떤 협박에도 무릎을 꿇지 않았다. 의롭지 않은 일에는 절대 꺾이지 않았고 타협하지 않았다. 독재 정권의 덫에 걸려 위기가 닥칠 때마다 정면으로 맞서 싸웠다. 그것이 진정으로 행동하는 양심이라고 믿었기 때문이다.

여섯 번째 계단

윈스턴 처칠은 "세상을 어둡게만 보는 사람은 매번 기회가 찾아와도 고난을 보고, 밝게 보는 사람은 매번 고난이 찾아와도 기회를 본다"고 말했다. 김대중은 집과 감옥에 갇혀서도 좌절하지 않고 책을 읽고 편지를 쓰고 명상을 하면서 어두운 터널을 벗어나, 언젠가는 반드시 새로운 날이 오리라고 믿었다.

보통 사람들은 감옥에서 비가 온 뒤에는 창살 틈으로 진흙투성이의 땅을 바라보며 자신의 처지를 슬퍼하지만, 김대중은 감옥 구석에서도 거미줄을 치며 사는 거미의 끈질긴 삶과 창밖에서 푸른 꽃들이 새 생명으로 움트는 힘을 보았다.

사형 선고를 내린 법정에서는 "김대중은 죽지만 더는 정치 보복을 하지 말라"며 민주주의와 힘없는 시민을 생각했다. 분명히 독재가 끝날 것이고 민주주의의 새로운 날이 오고야 말

것이라는 확신처럼 1987년 6월 민주 항쟁을 통해 새로운 날이 밝았다.

미국 토머스 제퍼슨 대통령은 "민주주의는 피를 먹고 자라는 나무다"라고 말했다. 4·19 혁명과 5·18 광주 민주화 운동처럼 쉽게 얻는 자유와 민주주의는 없다.

민주주의를 위해 싸우는 민중은 항상 누군가 한 사람을 앞세워 이끌어 주고 함께 성장한다. 김대중이 그랬다. 그는 죽음을 무릅쓰고 민중과 함께 민주주의 여정을 걸었다.

그러면서 '남의 잘못을 책망하지 말라', '남이 감추려는 일을 자꾸 들추지 말라', '남이 예전에 저지른 죄악을 생각하지 말라'는 문장처럼 용서와 배려를 강조했다.

독재 정권에 승리하다

김대중은 정부를 향한 각국의 압력으로 사형에서 무기 징역으로 감형되어 청주 교도소로 옮겨졌다. 하지만 청주 교도소는 일반인에게 혹독한 교도소로 알려졌다. 김대중은 독방 중에서도 특별 감방이라는 곳에 갇혔다. 세 겹의 벽돌을 쌓아 다른 곳과 철저하게 막힌 곳이었다. 다섯 명의 교도관 중 두 명이 김대중을 감시할 정도였다. 겨울이면 영하 18도까지 내려가는 이곳에서 2년 동안 머물게 되었다.

편지는 한 달에 한 통씩 가족하고만 주고받도록 제한되었다. 그러던 어느 날 대전 교도소에 갇힌 큰아들 홍일의 편지를 받았다. 너무나 가슴 벅찼고 한동안 눈물이 앞을 가려 편지를 읽을 수가 없었다. 홍일은 김대중과 함께 구속되면서 교도소에 수용되었다. 김대중은 자신 때문에 감옥 생활을 하는 아들 생각에 눈물을 흘리며 편지를 읽었다.

아버지, 아버지가 사형 선고를 받고 다시 무기 징역으로 바뀔 때까지 몇 개월 동안 숨쉬기 힘들 정도로 얼마나 가슴 졸이는 나날을 보냈는지 모릅니다. 아버지, 지금은 아무런 걱정도 없습니다. 아무도 부럽지 않습니다. 사랑하는 아버지…….

아버지 때문에 젊은 날을 감옥에서 보내면서도 아버지를 생각하는 아들의 마음을 헤아리니 부모로서 한없는 슬픔과 미안한 마음이 밀려왔다. 가슴이 미어질 것만 같았다. 아들에게 이렇게 답장을 보냈다.

홍일아, 진정으로 관대하고 강한 사람만이 용서와 사랑을 보여줄 수 있다. 항상 인내하고, 우리가 우리의 적을 용서하고 사랑할 수 있는 힘을 가질 수 있도록 항상 기도하자. 그래서 사랑하는 승자가 될 수 있도록 하자.

편지를 쓰지 않는 시간은 책을 읽으며 보냈다. 가족에게 편지를 쓸 때마다 읽고 싶은 책을 부탁했다. 주로 신학, 철학, 역사, 정치, 문학 분야의 책을 읽었다. 독서를 통해 마음의 안정을 찾았다. 힘들 때마다 김대중을 이끌던 통찰력과 판단력은 감옥에서 읽은 책과 생각을 통해 길러진 것이다. 독서에 몰입하면서 새로운 진리를 발견할 때마다 독서를 통해 얻은 즐거움은 감옥에 오지 않았다면 몰랐을 일이라고 생각했다. 책을 읽지 않을 때는 화단 가꾸는 일에 열중했다. 가지치기할 때는 '얼마나 아플까'라며 꽃에 미안해하기도 했다. 꽃이 햇빛을 받아 눈부시게 보일 때는 황홀하기도 했다.

다시 새해가 밝았다. 1월 6일은 김대중의 생일이었다. 아내와 세 아들이 교도소를 찾아와 면회실 바닥에 무릎을 꿇고 큰절을 했다. 김대중은 너무 애끓고 서러웠다. 그러나 김대중은 아내에게 아들들이 있으니 너무 안타까워하거나 서러워 말라고 위로했다.

김대중이 감옥에 있는 동안, 전두환 정권은 미국뿐 아니라 여러 나라의 김대중 석방 운동을 외면할 수 없어 형벌을 무기 징역에서 20년으로 줄였다. 하지만 김대중의 무릎 관절염은 갈수록 나빠졌고 자신과 뜻을 같이한다는 이유로 억울하게 감옥으로 끌려온 사람들의 건강도 좋지 않다는 소식에 가슴이 아팠

다. 그러던 어느 날, 정부에서 김대중에게 사람을 보내왔다.

"김 선생! 당신 미국으로 치료받으러 가지 않겠소?"

"나는 내 나라에서 치료받고 싶소."

당시 정부는 김대중이 세계적인 반체제_{기존의 사회와 정치 체제}

를 부정함 지도자여서 무척 부담스러웠다. 국외에서 김대중은 세계 3대 인권 수호자로 불렸고, '아시아의 민주 지도자', '아시아의 넬슨 만델라'로 불리기도 했다.

그는 김대중에게 다시 말했다.

"만약 당신이 미국으로 가지 않으면 감옥에 있는 다른 사람들을 절대 내보내 주지 않을 것이오."

그 말을 듣고 김대중은 마지못해 미국으로 떠났다. 그러나 전두환 정권은 김대중이 가족과 주변 사람들에게 한국을 떠난 것을 비밀로 했다. 국민은 정부 발표를 보고 김대중이 미국으로 떠난 것을 알 수 있었다.

김대중이 워싱턴 내셔널 공항에 도착하자 수백 명의 교포가 나와 환영했다.

'김대중', '행동하는 양심'이라고 적힌 플래카드와 사진을 흔들며 "김대중! 김대중!"을 외치며 환호했다. 김대중은 몰려드는 교포와 기자의 요청으로 기자 회견을 하고 미국행에 대한 생각을 발표했다.

"납치 사건 이래 한국 국민과 세계 여러 나라의 국민이 저의 자유를 되찾아 주기 위해 도와준 것에 감사드립니다. 특히 일본 국민 몇백 만 명이 서명을 통해 석방을 요청한 것에 깊이 감사드립니다. 앞으로 저는 신과 인간을 위해 모든 힘을 다 바치고자 합니다. 치료가 끝나는 대로 조국 한국으로 다시 돌아가 독재 정권과 싸울 생각입니다."

김대중이 교통사고를 당한 후 미국 조지타운 대학교에서는 만일 김대중이 미국으로 온다면 사고를 당한 무릎을 무료로 치료해 주겠다고 약속했다. 그래서 김대중은 그곳 의료진의 도움으로 무릎 수술을 받았다. 그러나 상처가 심해 수술 결과는 좋지 않았다. 그러나 김대중은 아픈 다리를 지팡이에 의지하면서 여러 대학교에서 요청하는 강연을 했다. 그러나 한국 정부는 수술 외의 다른 활동은 금지했다. 하지만 김대중은 강연을 해서 설령 문제가 되더라도 감옥에 가면 되리라 생각하여, 미국에 머무는 2년 3개월 동안 150회 이상 강연했다. 강연 목적은 미국 정부와 의회, 교포에게 한국의 독재 정권을 있는 그대로 알리는 것이었다. 미국은 김대중을 민주주의의 수호자이며 인권 투쟁의 영웅으로 생각했고 늘 그의 강연에 큰 관심을 보였다. 김대중은 한국에서 민주주의가 꼭 이루어질 것이며 그러려면 미국이 독재 정권에 힘을 실어 주면 안 된다고 주장했다.

김대중은 하버드 대학교 국제 문제 연구소 객원 연구원으로 활동하며 〈대중 경제론〉이란 논문을 발표하기도 했다. 하버드 대학교에서는 이 논문을 책으로 펴내 교재로 사용했다.

어느 날 김대중은 하버드 대학교에서 필리핀의 독재자 마르코스로부터 쫓겨나 자신처럼 미국으로 온 민주 지도자 아키노 부부를 만났다. 서로 민주주의를 위해 노력하자고 격려하고 아시아 민주화 운동 조직을 만들자며 약속했다. 그러나 아키노는 얼마 후 고국 필리핀으로 돌아갔는데 마닐라 공항에서 독재 정부 요원에 의해 비행기 밖으로 끌려나가 사살되었다.

이 사건은 김대중에게 자신도 귀국한다면 죽음을 감수해야 한다는 것을 깨닫게 했다. 그러나 김대중은 귀국해야만 했다. 귀국이 알려지자 정부에서는 바로 김대중에게 전화를 걸어 "당신이 한국에 들어오는 즉시 감옥으로 보낼 것이오"라며 경고했다. 미국 언론은 "김대중을 제2의 아키노가 되게 하지 말라"고 전했다. 그 후 미국 언론은 수없이 김대중 귀국 문제를 보도했다. 미국 정부도 한국 정부에 "김대중 씨의 안전한 귀국을 보장하고 그렇지 않으면 전두환 대통령의 미국 방문도 받아들일 수 없다"고 통보했다. 미국은 김대중이 귀국하는 길에 의회 의원 두 명, 국무성 인권 담당 차관보, 미국의 유명한 가수와 목사, 그리고 여러 명의 인권 운동가, 수십 명의 기자단을 동행시켰다. 자신을 보호하기 위해 함께 한국으로 가기로 한 이들과 함께 마지막 저녁 모임을 한 자리에서 김대중은 귀국 기자 회견을 했다.

"한국의 민주주의를 위해 귀국하는 길입니다. 내일 저의 운명이 어떻게 되든 귀국은 필요하며, 큰 의미가 있습니다. 저는 특별한 사건을 일으킬 생각도 없지만, 그렇다고 비겁한 짓도 하지 않을 것입니다."

1985년 2월 8일. 김대중은 2년 3개월의 미국 생활을 끝내고 김포 공항에 도착했다. 김대중은 비행기 안에서 자신을 따라 함께 온 사람들에게 말했다.

"아키노 씨는 비행기에서 내릴 때 정부에서 보낸 사람들을 따라가다가 살해됐습니다. 저는 절대로 그런 특별한 안내를 받지 않을 생각입니다. 제가 억지로 다른 곳으로 끌려가지 않도록 여러분이 도와주십시오."

모두가 고개를 끄덕였다. 김대중이 비행기에서 내리자 수십만 명의 인파가 공항을 에워싸고 "김대중! 김대중!"을 외쳤다. 김대중이 보이자 일반 시민 사이에 있던 경찰들이 갑자기 뛰쳐나와 김대중과 아내 이희호를 체포하려 했다. 그러나 미국에서 함께 온 사람들이 김대중을 에워싸며 막았다. 경찰들은 이들을 떼어 내려고 밀어붙이면서 몸싸움이 벌어졌다. 공항은 순간 아수라장이 되었고 미국 하원 의원과 관계자들도 떠밀려 넘어졌다. 함께 온 기자들이 이 모습을 촬영하여 미국 언론에서 보도했다. 미국 의회는 그 장면을 보고 화가 치밀었다. 곧바로 한국 정부에 항의했다. 경찰은 김대중을 바로 커튼이 드리워진 차에 태워 동교동 집에 내려놓았다. 집은 대형 천막이 담벼락 주위를 높게 에워싸서 밖을 볼 수 없었다. 결국 귀국과 동시에 다시 집에 갇혔다.

얼마 후 국회 의원 선거가 치러졌다. 국민은 오랫동안 군사 정권이 마음대로 헌법을 고치고 언론의 보도를 막는 등 군인이 활보하는 짓눌린 사회에 대한 불만이 많았다. 김대중은 미국에서부터 야당의 지도자 김영삼과 함께 군사 정권을 무너뜨리는 선거 전략을 준비해 왔다. 비록 김대중은 집에 갇혔지만 김대중, 김영삼이 중심이 된 야당이 109석을 차지해 야당 바람을 일으켰다. 이때 김대중은 연금에서 풀려났으나 정치 활동은 할 수 없었다.

군사 정권 반대 운동이 계속되던 1987년 어느 날, 서울 대학교에 다니던 박종철이 고문을 받다가 죽는 사건이 발생했다. 정부에서 고문이 아니라고 거짓 발표를 하자 분노하던 시민은 선거인단이 대통령을 뽑던 것을 국민이 직접 대통령을 뽑도록 헌법을 고치라고 항의했다.

학생들의 시위는 날로 늘어났고 일반 시민까지 참여하면서 매일 수만 명이 거리를 가득 메웠다. 길거리에는 정부에 항의하는 뜻으로 자동차들이 경적을 울렸다. 각계각층의 사람들도 시위에 참여했다. 마침내 평화적 시위는 군사 정권의 항복으로 끝났다. 이것이 바로 '6월 항쟁'이다.

마침내 정부는 대통령을 뽑을 때 모든 국민이 직접 선거에 참여해서 투표하는 법을 만들고, 김대중의 모든 정치적 규제를 풀고 정치 활동을 보장하겠다는 '6·29 민주화 선언'을 발표했다. 국민의 힘으로 모든 정치 규제가 풀렸다.

긴 세월 독재 정권에 묶여 있던 김대중은 모처럼 자유롭게 자신의 생각을 이야기하며 여유로운 시간을 보냈다. 특히 대학 강단에서 인기가 많았는데 마치 걸어 다니는 백과사전처럼 풍부한 지식과 당당하고 시원시원한 연설에 젊은 대학생들은 환호했다. 시간이 흐를수록 민주화에 대한 열망은 식을 줄 모르고 무르익어 갔다.

일곱 번째 계단

김대중은 감옥살이, 망명, 가택 연금 속에서도 오로지 민주화와 인권, 평화 통일을 이루기 위해 어렵지만 그 길을 포기하지 않았다.

군사 정권에서 국민과 언론이 김대중이라는 이름 석 자조차 부를 수 없었을 때도 김대중은 당당하게 국민을 위해 군사 정권에 맞섰다. 그래서 김대중은 한국은 물론 아시아 민주화의 상징으로 통했다.

'정의를 실천하는 인간은 민주주의를 가능하게 하며 불의를 행하는 인간은 민주주의를 필요하게 한다'라는 영국 사상가 러스킨의 말에 따라 김대중은 늘 '행동하는 양심'이 되고자 다짐하고 실천했다.

책을 1백 번 읽으면 그 뜻이 저절로 통한다는 말이 있다. 독서는 완성된 사람을 만든다. 김대중의 책 읽는 힘은 마침내 '대중 경제론', '3단계 통일론' 등 독창적인 정책을 만들고 훗날 대통령이 되어 실제 경제 정책과 통일 정책으로 쓰이기도 했다. 김대중의 삶과 철학은 결국 깊은 독서와 사색을 통한 탐구의 결과물이라고 할 수 있다.

넘 소년, 마침내 월계관을 쓰다

김대중은 연이어 대통령 선거에 나갔으나 세 번째 도전에서도 떨어지고 말았다. 국회 의원 선거도 세 번 떨어진 끝에 네 번째 도전에서 당선되었는데 마치 운명의 장난인 것만 같았다.

그나마 자유로운 민주화 가운데서 두 번의 선거를 치렀지만 지역감정을 내세우는 분위기 탓에 김대중 지지자들은 어느 때보다도 답답하고 안타까웠다. 김대중은 선거 패배를 인정했다. 세 번째 대통령 선거에서 패배하자 김대중은 정치에서 은

퇴한다고 선언했고 한국을 떠났다. 지금까지는 독재 정권에 쫓겨서 망명을 갔지만 이번에는 스스로 선택한 길이었다.

김대중은 영국 케임브리지 대학교에서 연구 생활을 시작했다. 케임브리지 대학교의 부총장은 김대중을 환영하는 자리에서 학생들에게 "옥스퍼드 대학교에서는 클린턴 대통령이 공부했고 우리 학교에는 김대중 씨가 왔습니다"라며 반갑게 맞이했다.

김대중은 이 모든 영광은 자신이 역경에 굴하지 않고 무엇이든 전력을 다해 어려움을 이겨낸 응전상대편의 공격에 맞서서 싸움의 결과라고 생각했다. 김대중은 응전이라는 단어를 좋아했다. 감옥에서 쓴 옥중 편지에는 이런 구절이 있다.

인생은 도전과 응전이다. 어떠한 어려운 도전에도 반드시 응전의 길이 있으며, 어떠한 불행의 배후에도 반드시 행운으로 돌릴 일면이 있다. 이 진리를 깨닫고 실천한 사람은 반드시 인생의 성공을 얻을 것이다.

김대중은 이미 모스크바 국립대학교에서 명예교수 학위를 받은 터라 케임브리지 대학교 교수와 학생들은 그를 김대중 교수라고 불렀다. 특히 한국인 출신 교수들과 유학생들은 캠퍼스에서 김대중을 만나면 "같은 한국인으로서 정말 자랑스럽습니다"라고 말할 정도로 자부심이 대단했다.

김대중은 영국에서 책을 읽고 붓글씨도 쓰고 아내와 함께 교정을 산책하며 여유로운 시간을 보냈다. 연구실 벽에는 유

럽 지도를 크게 걸어 그 아래 세계 지도와 한국 지도를 그려 놓고 세계 속의 한국을 늘 비교했다. 언젠가는 선진국과 어깨를 나란히 할 날을 그려 보았다. 이미 정치를 떠난 김대중이

었지만 국민과 언론은 한국 민주주의의 거목^{큰 인물을 비유적으로 말함}이 떠난 자리가 너무 크다며 그의 빈자리를 아쉬워했다. 전국 곳곳에서 김대중의 정치 은퇴를 슬퍼하거나 위로하는 편지가 하루에 몇백 통씩 도착했다. 편지의 내용은 대부분 이런 것들이었다.

저희 어머니 아버지가 돌아가셨을 때도 이렇게 울지 않았습니다. 그 눈물이 아직도 마르지 않습니다.

저는 이번 선거에서 선생님에게 한 표를 던졌습니다. 그 한 표가 자랑스럽습니다. 깨끗하게 정치를 떠나는 모습을 보며 이런 정치가가 우리나라에도 있다는 사실에 자부심과 감동을 느꼈습니다. 진심으로 감사드립니다, 선생님…….

선생님은 진실로 빛나는 민주주의 기수였으며 자랑스러운 불굴의 정치인이었습니다. 비록 최후의 도전에 실패했지만 우리의 역사에 길이 남을 한국의 민주화와 인간 승리의 기록으로 남을 것입니다.

김대중은 영국 생활을 끝내고 다시 귀국했다. 영국으로 떠날 때는 유배 가듯 참담한 마음으로 국민과 작별했지만 돌아오는 길에서는 그때 느꼈던 좌절과 고통의 그림자는 어디에도 찾아볼 수 없었다. 오히려 여유와 당당함이 돋보였다. 귀국하는 공항에는 플래카드와 함께 개선 행진곡이 울렸다.

"김대중 선생이 곁에 계시는 것만으로도 우리 국민은 신바람이 납니다!"

그를 떠나 보낼 때 눈물 흘리며 슬퍼하던 모습과는 너무 달랐다. 밝고 열띤 분위기였다.

김대중은 조국에 돌아와 한반도 통일과 아시아 민주주의, 세계 평화에 이바지하는 연구와 학술 활동을 위해 '아시아 태평양 평화 재단'을 설립했다. 독일의 폰 바이체커 대통령, 헬무트 슈미트 전 수상, 고르바초프 전 구 소련 대통령, 지미 카터 전 미국 대통령, 아키노 전 필리핀 대통령과 미얀마의 아웅산 수지 여사, 티베트의 달라이 라마 등이 김대중과 그 뜻을 함께했다.

마침내 김대중은 일흔셋이던 1997년 네 번째로 대통령 선거에 출마하여 마침내 대한민국 제15대 대통령에 당선되었다. 대한민국 정부 수립 후 최초의 평화적인 정권 교체였다. 이것은 진정한 민주 세력에 의한 승리였고 국민 승리였다. 김대중은 대통령에 당선되자마자 자신을 힘들게 했던 독재자와 정치 지도자들을 모두 용서했다.

김대중이 대통령에 당선되었을 당시 불행하게도 우리나라는 심각한 경제 위기에 놓여 있었다. 무조건 잘살아야 하고 수출을 많이 해야 한다는 고속 성장 정책은 여러 부작용을 낳았다. 이를 해결하기 위해 김대중 대통령은 취임(맡은 자리에 처음으로 나아감)하자마자 열정적으로 일했다. 정치와 대기업끼리 손잡고 깨끗하지 못하게 사업하고 정치 자금을 주고받는 고리를 끊고 국가가 일방적으로 경영하는 경제 방식을 크게 바꿨다. 그리고 외화가 부족해 돈을 끌어오기 위해서라면 그 누구라도 만나거나 찾아갔다. 1998년 국무 회의에서 여러 장관에게 이렇게 말하기도 했다.

"가난은 나라도 구제하지 못한다는 것은 옛말입니다. 이제는 가난도 나라가 구제해야 합니다."

김대중 대통령은 금융, 기업, 노동, 공공 등 네 개 분야에 대해서는 세계 어느 나라와 경쟁해도 좋을 정도로 당당하고 투명한 제도로 바꿨다. 이런 노력으로 마침내 2001년 8월, 예상보다 3년을 앞당겨 아이엠에프 International Monetary Fund, 국제 통화 기금에서 빌린 돈을 모두 갚았다. 외국에 빚을 진 나라라는 굴욕적인 상황에서 벗어났다. 세계는 그런 한국을 일러 경제 우등생, 모범 국가라고 불렀다.

김대중 대통령은 경제 위기 와중에도 전국에 초고속 통신망을 설치하고 모든 국민을 대상으로 정보화 교육을 가르쳐 한국을 세계에서 가장 앞서는 정보 기술의 강대국으로 이끌었다. 민주화 운동 보상법, 의문사 진상 규명법, 국가 인권 위원회법 등 각종 민주화 법률을 만들어 진정으로 국민이 민주주의와 인권의 권리를 행사하고 그것이 우리 생활 속에 뿌리내리게 했다. 이제 인권이 없는 독재 정권이 아니라 당당하게 세계가 인정하는 민주주의적인 인권 국가가 된 것이다. 기초 생활 보장법을 만들어, 먹고살기 어려운 사람들은 국가가 도와주었다. 또한 중학교 3학년까지 무상 의무 교육을 하는 '생산적 복지 정책'을 시행했다. 이것은 야당 의원 시절부터 구상해 온 김대중 대통령의 '대중 경제론'을 실현한 것으로 국민의 삶이 조금 더 행복해질 수 있도록 한 것이다.

그리고 2000년 6월에는 꿈에만 그리던 남북 정상 회담을 분단 55년 만에 역사적 현실로 이뤄 냈다. 남과 북이 서로 미움을 녹이고 평화의 기운이 움트게 하는 햇볕 정책이 드디어 결실을 보게 된 것이다.

그리고 마침내 김대중 대통령은 한국인으로서는 최초로 노벨 평화상을 받았다. 평생을 민주주의와 인권, 한반도 평화에 헌신한 위대한 사상가이며 영원한 평화주의자였던 김대중 대통령이 세계로부터 인정받은 것이다.

세계의 모든 언론은 김대중 대통령의 노벨 평화상 소식을

긴급 뉴스로 전했다. 또한 김대중 대통령의 파란만장한 40년 정치 인생을 집중적으로 보도하며 '아시아의 넬슨 만델라'가 새천년 첫 노벨 평화상의 주인공이 됐다고 보도했다.

김대중 대통령은 수상 소감을 이렇게 말했다.

다시없는 영광으로 생각합니다. 오직 감사할 뿐입니다. 오늘의 영광은 지난 40년 동안 민주주의와 인권, 그리고 남북 간의 평화와 화해·협력을 일관되게 지지해 준 국민의 성원 덕분입니다. 이 영광을 우리 국민 모두에게 돌리고자 합니다. 우리 국민과 더불어 이러한 노력을 성원해 준, 세계 민주화와 인권을 사랑하는 모든 시민에게 감사드립니다. 그동안 고난을 같이해 온 가족, 동지, 친지 그리고 민주주의와 평화를 위해서 희생하고 헌신한 이 땅의 많은 분과 영광을 나누고자 합니다. 앞으로도 인권과 민주주의, 한반도 평화를 위해서 그리고 아시아와 세계의 민주주의와 평화를 위해서 계속 헌신할 것입니다.

아시아인으로서는 일곱 번째 노벨 평화상 수상자인 김대중 대통령이 노벨상에 처음 후보로 추천된 것은 1987년이다. 빌리 브란트 전 서독 총리가 앞장서 서독 국회 의원 73명과 함께 추천한 것이다. 이후 인권 향상과 민주주의를 위한 노력의 공로로 매년 추천되어 14회에 걸쳐 후보에 올랐다.

노벨 위원회는 2000년 노벨 평화상을 수여하면서 분야별로 업적을 공개했는데 '민주주의와 인권 신장 부분'에서 김대중 대통령은 수십 년 동안 숱한 고초와 시련에도 소신을 굽히지 않고 민주주의와 인권 신장을 위해 노력했다고 평가했다. 그리고 대통령에 취임한 이후 인간 존엄성을 침해하는 모든 행위는 어떤 이유로도 정당화될 수 없다는 신념 아래 '민주화 운동 관련자 명예 회복 및 보상법', '제주 4·3 특별법' 등을 제정하여 해방 이후 분단과 전쟁, 독재와 민주화 투쟁에서 비롯된 고통을 해결할 제도적 장치를 마련했다고 덧붙였다.

김대중 대통령은 취임 이후 햇볕 정책을 한결같이 추진하여 역대 대통령 중 최초로 북한을 방문하여 김정일 국방 위원

장과 남북 정상 회담 후 '6·15 남북 공동 선언'을 발표했다. 전쟁과 갈등의 역사로 분단과 대립이 55년간 계속되던 한반도에 화해와 협력, 긴장 완화, 그리고 통일의 기운이 감돌기 시작했다. 그리고 이산가족 상봉과 남한과 북한이 가까워지는 등 남과 북이 화해하고 협력하는 정책을 추진해 나갔다.

이토록 치열한 삶을 살아온 김대중 대통령은 2009년 8월 18일, 자신이 그토록 사랑하고 존경했던 국민과 영원한 작별을 하며 세상을 떠났다.

김대중 대통령이 쓴 마지막 일기에는 아내 이희호 여사에 대한 지극한 사랑이 배여 있다.

요즘 아내와의 사이는 우리 결혼 이래 최상이다. 나는 아내를 사랑하고 존경한다. 아내 없이는 지금 내가 있기 어려웠지만 현재도 살기 어려울 것 같다. 둘이 건강하게 오래 살도록 매일매일 하느님께 같이 기도한다.

아내 이희호 여사는 김대중 대통령이 누운 관 속에 마지막으로 남편에게 보낸 편지와 성경책, 손수건 등을 넣었다. 마지막 편지에는 이렇게 썼다.

사랑하는 당신에게.

같이 살면서 나의 잘못됨이 너무 많았습니다. 그러나 당신은 늘 그렇듯 모든 것을 용서하며 아껴준 것, 참 고맙습니다. 이제 하나님의 뜨거운 사랑의 품 안에서 편히 쉬시길 빕니다. 너무 쓰리고 아픈 고난의 생을 잘도 참고 견딘 당신을 나는 참으로 사랑하고 존경했습니다. 이제 하나님께서 뜨거운 사랑의 품 안에 편히 쉬시게 하실 것입니다. 어려움을 잘 견디신 것을 하나님이 인정하시고 승리의 면류관을 씌워 주실 것을 믿습니다. 자랑스럽습니다.

2009년 8월 19일
당신의 아내 이희호

고이 잠든 김대중 대통령은 국립 현충원 묘지에 묻혔고 묘비에는 평생 꿈꿨던 세상을 향한 바람이 그대로 새겨졌다.

정의가 강물처럼 흐르고
자유가 들꽃처럼 만발하고
통일에의 희망이
무지개같이 떠오르는 나라를 만들 것입니다.

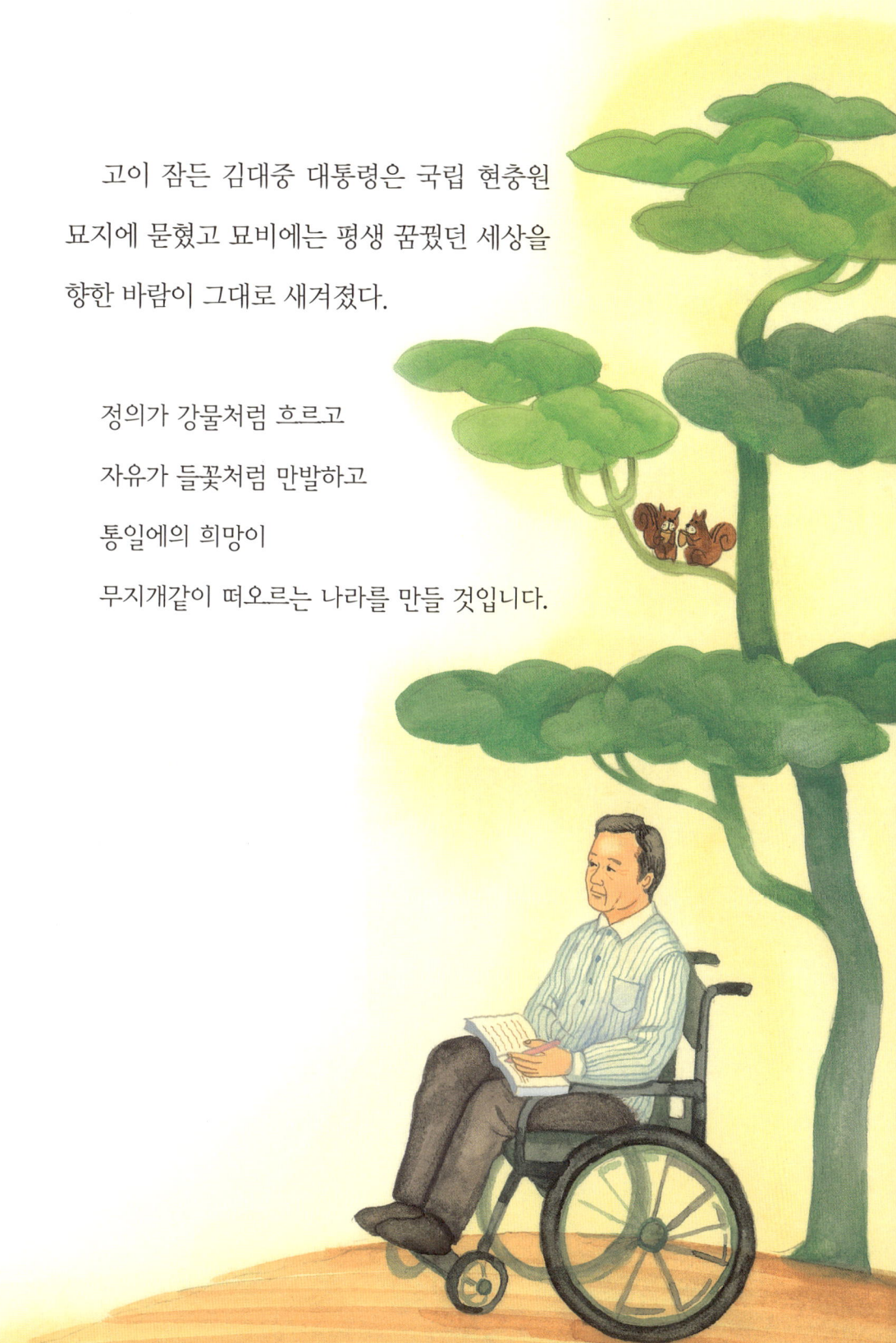

여덟 번째 계단

김대중의 봄은 한 편의 시처럼 더디게, 더디게 왔다. 국회 의원과 대통령 선거에 각각 세 번씩 낙선하면서 긴 겨울을 이겨 내고서야 마침내 더디게, 더디게 올 것이 오고야 말았다. 한겨울에 피는 인동초 같은 삶을 살아온 김대중은 드디어 꿈을 이뤘다.

6년의 감옥살이, 10여 년간 연금과 망명 생활을 하면서 군사 정권의 혹독한 차별과 정치적 탄압에 시달렸다.

그러면서도 항상 진실의 편에서 역사의 발전을 믿는 사람들에게 김대중은 민주 정부 수립을 위한 준비된 지도자였다. 김대중은 늘 공작 어떤 목적을 위하여 미리 일을 꾸밈 정치와 협박 그리고 회유의 대상이었다. 그러나 그 어떤 최악의 상황에서도 비굴하게 굽히지 않았다. 김대중은 고난과 역경에 처할수록 더욱 지혜롭고 용기 있게 행동했다.

김대중은 30년 동안 군사 독재와 싸우면서 억울한 감옥살이를 하고 죽을 고비를 넘기면서도 밝은 미래를 꿈꿨다. 그리고 그들을 용서했다.

민심은 곧 천심이라고 믿었던 김대중은 대통령이 되어서는 '국민의 정부'라고 이름 붙이고 분단 후 최초로 남북 정상 회담을 개최하고 한국인 최초로 노벨 평화상을 받았다.

옥중 편지에는 이런 구절이 있다.

'인생은 도전과 응전의 역사다. 이 진리를 깨닫고 실천한 사람은 반드시 인생의 성공을 얻는다. 용기는 바른 일을 위하여 노력하고 투쟁하는 힘이다. 모든 도덕 중 최고의 덕이다. 용기만이 공포와 유혹과 나태를 물리칠 수 있다.'

김대중 1924~2009

김대중 대통령은 1924년 전남 신안군 하의면 후광리에서 태어났습니다. 1943년 목포 공립 상업학교를 졸업하고 1945년 차용애 여사와 결혼했으나 사별한 후, 1962년 YWCA에서 활동하던 이희호 여사를 만나 결혼했습니다. 1961년 네 번의 도전 끝에 민의원 보궐 선거에서 당선됐으나 5·16 군사 정변으로 국회 의원이 되지 못했습니다. 1963년 목포에서 국회 의원으로 당선되면서 차세대 지도자로 떠올랐습니다. 이어 7대, 8대, 13대, 14대 국회 의원으로 활동하면서 정치 거목으로 우뚝 섰습니다. 1970년 야당 대통령 후보로 선출돼 1971년 선거에 출마했으나 박정희 대통령에게 94만 7천표 차로 낙선했습니다. 1973년 일본에서 중앙정보부 요원에게 납치당했다가 살아났고, 1980년에는 내란 음모 사건 혐의로 군사 재판에서 사형 선고를 받았다가 각국 지도자의 도움으로 목숨을 구했습니다. 1982년 미국으로 망명했다가 귀국했지만 가택 연금으로 긴 세월을 보냈고 1987년, 1992년 대통령 선거에 출마했으나 낙선하고, 영국으로 떠났습니다. 1993년 7월 귀국하여 한반도 통일, 세계화 평화를 연구하는 '아태평화재단'을 세웠습니다. 1997년 12월 18일 제15대 대통령으로 당선되어 IMF 외환 위기를 앞당겨 극복했고, 2000년 6월 남북분단 이후 최초로 남북 정상 회담을 개최했습니다. 2000년에는 민주주의와 인권 신장에 헌신한 공로로 한국인 최초로 '노벨 평화상'을 수상했습니다. 평생을 민주화 운동에 몸바쳤던 김대중 대통령은 2009년 폐렴으로 입원하여 치료받던 중 8월 18일 끝내 세상을 떠났습니다. 저서로는 《김대중 옥중서신》, 《행동하는 양심으로》, 《나의 길 나의 사상》, 《새로운 시작을 위하여》 등 20여 권이 있으며, 가족은 부인 이희호 여사와 세 아들이 있습니다.

경력_

1924 전남 신안군 하의면 후광리에서 출생
1943 목포 공립 상업학교 졸업
1945 차용애 여사와 결혼하여 홍일, 홍업 형제를 둠
1948 《목포일보》 사장
1957 가톨릭 영세. 장면 부통령을 정치 멘토로 삼음
1959 인제 보궐 선거에 출마해 낙선. 차용애 여사와 사별
1961 인제 민의원 보궐 선거에 당선, 5·16 군사 정변으로 의원 자격 박탈
1962 이희호 여사와 결혼하여 홍걸을 둠
1963 제6대 목포 국회 의원 당선
1964 한국의회사상 초유의 5시간 19분 동안 의사 진행 발언
1967 제7대 국회 의원 당선
1971 제7대 대통령 후보로 박정희와 대결, 94만 7천표 차로 낙선
1971 제8대 국회 의원 당선. 신민당 대통령 후보로 미국과 일본 방문
1972 10월 유신 발생. 일본으로 망명, 도쿄에서 유신 반대 성명 발표
1973 일본 동경 호텔에서 중앙정보부 요원에 의해 납치되었다가 풀려나 가택 연금
1976 3·1절 구국 선언. 긴급조치 9호 위반으로 구속, 징역 8년 선고
1980 내란 음모 사건으로 구속, 사형 선고 후 각국에서 구명 운동
1982 형집행정지로 미국 망명
1984 《김대중 옥중서신》 국내 및 일어·영어판 출간
1985 귀국과 함께 가택 연금. 민주화추진협의회 공동의장
1987 제13대 대통령 선거에 출마해 낙선. 광주 망월동 묘역 참배, 목포와 고향 하의도 방문
1988 제13대 국회 의원 당선, 신민당 창당, 야당 총재로 재기
1990 밀실야합 3당 합당 반대투쟁. 내각제 포기를 요구하며 13일간 단식
1991 노벨 평화상 후보 5년 연속 추천. 민주당 창당 총재
1992 제14대 국회 의원 당선. 제14대 대통령 선거에 출마해 낙선. 정계 은퇴 선언
1993 영국 케임브리지 대학교 초청 연구원으로 출국
1994 아태평화재단 창립 이사장
1995 새정치국민회의 총재
1997 제15대 대통령 당선
1998 대한민국 제15대 대통령 취임
2000 역사적인 남북 정상 회담
2000 노벨 평화상 수상

김대중_평화를 사랑한 행동하는 양심

1961년도 신남지역 유세활동 장면

평화로 빛난 별 김대중

1판1쇄 인쇄 2011년 7월 5일
1판1쇄 발행 2011년 7월 11일

지은이 | 박상건
그린이 | 김윤정
펴낸이 | 임성규

펴낸곳 | 문이당어린이
등록 | 1988. 11. 5. 제1-832호
주소 | 서울시 성북구 동소문동 4가 83번지 청구빌딩 3층
전화 | 928-8741~3(영) 927-4990~2(편)__팩스 | 925-5406
ⓒ 박상건, 2011

이메일 | munidang88@naver.com
홈페이지 | http://munidang.co.kr

ISBN 978-89-7456-452-0 73810

값은 뒤표지에 표시되어 있습니다.

잘못된 책은 바꾸어 드립니다.
저자와의 협의로 인지는 생략합니다.
이 책의 판권은 지은이와 문이당어린이에 있습니다.
양측의 서면 동의 없는 무단 전재 및 복제를 금합니다.

문이당어린이는 문이당 출판사의 브랜드입니다.